JN194575

データ
エンジニア

データ活用力を高める
組織のキーパーソン

園田隆盛・M.A. アティック 著
中村仁也 監修

共立出版

はじめに

　近年、情報のデジタル化とコンピュータの処理能力の向上により、日々生み出されるデータの量が爆発的に増加し、それらを処理することでさまざまな情報や知識を引き出すことが可能となった。データを利用する技術は日々進化し、これをビジネスや研究開発に活かすことは、社会全体の発展を支える重要な基盤となっている。データはビジネスにおいて、意思決定や戦略の根拠となり、企業の事業拡大や消費者の生活水準向上に貢献している。また、研究開発では未知の素材を探し当てたり、課題解決の証拠を突き止めたりするのに役立っている。特に 2020 年以降、これまでにないスピードで AI（Artificial Intelligence，人工知能）が進化したのも、データをどのように利用するかという課題の延長線上にある。どのようなデータを、どのように収集し、どう活用していくのかという課題には多くの可能性が残されている。

　しかし、これだけ社会にデータが溢れているにもかかわらず、これを十分に使いこなしていると感じている人や組織は少ないのではないだろうか。「ビッグデータ」という言葉が広く使われるようになったのは 2010 年以降であり、2017 年頃からは DX（デジタルトランスフォーメーション）が流行して、情報技術はどんどん私たちの暮らしを便利にし、企業に利益をもたらしてきた。実際、10 年前や 20 年前と比べると、社会やビジネスの至るところで情報化が進み、データを高度に利用している。それにもかかわらず、データ利活用となると途端に「うまくいっていない」「活用できていない」といった感想をもつ人が多いように思われる。これはなぜなのだろうか。

　筆者らは長年にわたってビジネスシーンにおけるデータ分析の業務に従事し、常にこの問題を考えてきた。データを使いこなしている現場、使いこなそ

うとしている現場、うまくいっていない現場など、さまざまなデータ利活用プロジェクトとそれに参加する人びとを観察し、さらには各業界のデータサイエンティスト[1]たちとの議論を踏まえて筆者らが至った仮説は、「『データエンジニア』の不在」である。データと社会、データと自然、そしてデータと人間をつなぐ役割をもつデータエンジニアがいない、もしくはその存在が見えない、存在価値が見出されていないことが、データ利活用がうまくいかない、うまくいっている気がしないという雰囲気につながっているのではないだろうか。

　一方で、不足しているのはデータサイエンティストのほうで、それらの職種は採用が困難であり、報酬も高くて採用側が困っているという話もよく耳にする。データサイエンティストは高度な数理・統計および情報技術の知識と豊富なビジネス経験をもち、ビジネスにおけるデータ利活用を強力に推進するというイメージがある。しかし、残念ながらそのようなスキルセットを網羅的に備えている人材はそう多くはない。そのため、結果としてデータ利活用が進まないのではないか、と。では、なぜ本書では「データエンジニア」の不在を主張するのか。

　筆者らはこの問題の原因を、「データエンジニア」の業務の定義が曖昧であること、そしてその結果として、データサイエンティストおよびその他企業内のさまざまな組織との分業体制が未構築であることにあると考えた。「データエンジニア」の業務や責任が曖昧であるために、そもそもデータエンジニアが不在であったり、データサイエンティストや情報システム部門のシステムエンジニアが「データエンジニア」の役割を担っていたりするのだが、「データ利活用」において担うべき業務と責任は、データサイエンティストやシステムエンジニアが本来もっているビジネス上のミッションとは評価軸が異なるために、非効率が生じているのではないだろうか。実際、筆者らの経験として、データをうまく活用している企業や組織には必ず「データエンジニア」が存在

---

[1]　「データサイエンティスト」という言葉の定義もまた曖昧なのだが、ここでは問題意識の概要を伝えることを優先するために、一般的に使われている用語として使用する。ここでの「データサイエンティスト」はデータ分析者やアナリスト、コンサルタントなど、データ分析を主な道具としてビジネスの意思決定を支援する人、もしくは役割を示す。

し、データ利活用を推進している。彼らはデータについて最も詳しく、何がどこにあるかを知っている。どんな些細なことでも現場に出向き確認し、意思決定者やデータサイエンティストに対して適切なデータと情報を提供している。このような理想的なデータエンジニアがいる現場では、関係者のデータ利活用に対する前向きの度合いが非常に高い。この経験が、本仮説のもととなっている。そこで、この「データエンジニア」とはどのような役割を担うのかを再定義[2]し、社内の各組織との間で適切な分業体制を構築することで、データ利活用における非効率を解消しようというのが本書の目的である。

　なお、本書は二部構成とし、前半の第1部を組織づくりの目線から、後半の第2部を個人の目線から、データエンジニアリングを論じた。自社のデータ利活用やデジタルトランスフォーメーションを推進することを目的としてデータエンジニアリング組織を構築し、データエンジニアを採用または育成するという目線であれば、第1部がその目的に該当する。また、自らがデータエンジニアリング組織の運営にあたり、またはデータエンジニアとして実務を担当するならば、第1部を一通りおさえた上で、自身のポジションに合わせて第2部の各章を参照していただければよい。具体的には、次のような構成になっている。

　第1部（第1章、第2章）では、「データエンジニア」の役割の再定義からデータ利活用における組織体制づくりまで、データ利活用における責任分担をできるだけ論理的かつ相互排他的に構築することを試みた。データエンジニアの役割を定義するためには、まず「データ利活用」とは何かを考える必要がある。そこで第1章では、そもそもデータとは何か、それが情報や知識となるためには何が必要か、また、組織でこれを活用する際に意識すべき点について考

2）　実際には、本書で定義する「データエンジニア」と類似した業務を担う職種名はすでに生まれており、現在それらは「データスチュワード」や「アナリティクスエンジニア」、「データラングラー」などと呼ばれている。しかしこれらは用語が専門的すぎるため、広く一般に認識される言葉にはなりにくいだろう。一方で、「データエンジニア」という言葉は他の職種、特にシステムエンジニアと何が違うのかという点で明確な線引きがされてないのが現状である。ならば「データエンジニア」を「データ利活用のためのエンジニア」と定義し直せば、先に挙げた職種名を含み、かつ広く一般にも認知される職種になるのではないかというのが、本書のもう一つの目的である。

えることから始める。また、こうして定義した「データ利活用」は実は新しい取り組みではなく、既存の組織体制でも行われていることがわかるので、既存の組織のデータ利活用に対する取り組み方を分解する。具体的には既存の組織をデータ利活用の観点から経営部門、オペレーション部門、情報システム部門の三種類に分け（これを「三機能モデル」[3]と呼ぶ）、それぞれの組織におけるビジネス上のミッションとデータ利活用における役割を洗い出す。すると、各部門がもつビジネス上のミッションと、各部門が担うデータ利活用上の役割との間にずれがあることが見えてくる。このずれが、データ利活用が進まない原因である。

　そこで、第2章では、三機能モデルの中に新たに四つ目の核として「データエンジニアリング組織」を置き、三機能モデルにおけるデータ利活用上のずれを解消する役割をもたせることで、データ利活用の非効率を解消する方法を提示する。

　また第2部（第3章〜第6章）では、第1部で示した三機能モデルを踏まえて、各部門とデータエンジニアがどのような関係を築き、どのようなコミュニケーションを行うのかに焦点を当てる。データエンジニアはデータ利活用におけるコミュニケーションの中心に位置し、経営部門、オペレーション部門、情報システム部門の間で、データ利活用におけるそれぞれの部門の利害調整とコミュニケーションの仲介を行う。そこで、相対する部門ごとにコミュニケーションの指針を整理したのが第3章から第5章である[4]。第3章は経営部門、第4章はオペレーション部門、第5章は情報システム部門とのコミュニケーションに注目している。これらの章では、実際にデータエンジニアとして企業

---

[3]　三機能モデルの主体は経営部門、オペレーション部門、情報システム部門の三つの組織であり、本文でもこの三種類の組織を題材として解説するのだが、組織構造にはフラクタル性があり、データエンジニアリング組織のあり方も組織の大きさに応じてズームイン／アウトして適用することができる。例えば営業部の中だけで考えれば、営業部の意思決定を担うチーム、オペレーションを担うチーム、情報処理を担うチームがあり、その中でのデータエンジニアリングのあり方を考えることができる。このフラクタル性については1.6.4項で詳説する。

[4]　脚注3でも示したように、こちらもデータエンジニアが担当する範囲に応じて経営部門、オペレーション部門、情報システム部門を読み替えて適用することができる。

組織の中で業務を担う人に向けて、具体的な仕事内容、企業内での対話の相手と内容、考えるべきこと、責任の所在、専門家としての振る舞い方など、データエンジニアの理想的な行動指針を記した。最後に第6章で、データエンジニアの業務と責任をまとめ、より頼りになるデータエンジニアになるためのトレーニングの方針や学ぶべき学問分野などを例示した。

　本書は「データエンジニアリング」を学術領域としても構築したいという思いをもって執筆した。なぜなら、大学教育におけるデータサイエンスにはデータエンジニアリングの考え方が必要不可欠であり、また、デジタルトランスフォーメーションが進む現代において、社会に必要とされる人数はデータサイエンティストよりもデータエンジニアのほうが多いと考えるからである。そのため、定義や論理の整合性にできる限り注意して構成したつもりであるが、データエンジニアリングの全てを解き明かすには到底及んでいない。また、図書館情報学や情報技術、経営学、システムエンジニアリング等のさまざまな他の学問領域との関連性についても、十分に記述するには至っていない。願わくは、技術者やビジネスパーソンはもとより、多くの研究者にもこの領域に関心をもっていただき、データエンジニアリング論が今後学術としても確立していくことを期待する。

2025 年 1 月　　中村仁也

目　次

第2章　データエンジニアリング組織の存在意義と役割　60

データエンジニアの業務

93

第5章　情報システム部門との コミュニケーション

第**6**章 おわりに：持続的な成長と発展 ········· 164

第1部

データエンジニアリング組織の必要性

ビジネスにおいて、情報収集やコミュニケーションは切り離すことができない活動である。このことは昨今の社会の情報化とは無関係であり、有史以前から人間（および一部の動物）に備わっている機能である。例えば旧石器時代、人びとは狩猟によって生計を立てていた。食料となる動物の存在を音声によって伝え、複数の人間がそれぞれの役割をこなし、コミュニケーションをとりながら狩りをする様子は、情報収集とコミュニケーションの面から見れば現代の企業活動と何ら変わるところがない。外界の現象をより速く、より正確に察知し、それを組織内コミュニケーションによって共有した上で、複数の主体が協調して行動することで、自身が所属する組織の勝利や発展に寄与してきた。これは、歴史で学んだとおりである。

　ではなぜ今さら「データ利活用」がビジネス課題として取り上げられるのか。そもそも「データ」とは何か。それは「情報」と何が異なるのか。それを利活用するとはどういうことか。私たちが何気なく使用しているこれらの言葉を使うとき、私たちは何を想定し、何を期待しているのか。データや情報にどのように向き合うことが、私たちの組織や私たち自身にとって有益なのか。

　第1部ではこれらの問いを整理し、組織における「データ利活用」には何が必要で、何が足りていないのかを明らかにする。そのためにはまず、データや情報、コミュニケーションなどの言葉を整理するところから始める。そして、「データ利活用」という言葉が求めている活動を明確にする。その上で、現代のビジネス組織と「データ利活用」との関係を整理し、なぜビジネスにおいて「データ利活用」が課題となるのか、なぜ「データ利活用」がうまくいっていないと捉えられてしまうのか、その理由を明らかにする。そしてこれらの課題を解決するための「データエンジニアリング」の概念を導入する。

第1章 データとビジネスの関わり

　データエンジニアリングの中心的な課題は、企業内でのデータ利活用を促進し、データに関わるコミュニケーションを主導することによって、データおよびデータ利活用の価値を最大限に引き出し、ビジネスの発展に貢献することである。本章では、データエンジニアリングの登場する以前の状況に立ち返り、そもそもビジネスの場でデータはどのように取り扱われていたか、また、データについてどのようなコミュニケーションが行われていたかを概観する。その歴史的な視点を踏まえた上で、ビッグデータ以降のデータ利活用を取り巻く環境がどのように変化したかを整理する。さらに、データエンジニアリングに関わる用語や概念を解説する。これらの基礎知識を整理することで、データエンジニアリングを理解するための土台をつくることが本章の目的である。

1.1 データとは何か

　「データ」という言葉を耳にしたとき、多くの人は数字や文字の羅列を思い浮かべるだろう。しかし、数字や文字の羅列はあくまでもデータの表面的な特徴に過ぎない。本節では、データがどのように得られ、実際に何を表し、どのような段階を経て意味を獲得するのかについて述べる。まず 1.1.1 項では、「データ」という言葉を定義し、データとは何かを紐解いていく。続く 1.1.2 項では、近年大きな変化を遂げたデータの特性について説明する。

1.1.1 データの定義

　まずは、いくつかの文献からデータの定義を引用する。*Data Management Body of Knowledge 2nd Edition*（DAMA International, 2017, 以下 DMBOK と呼ぶ）では、「Long-standing definitions of *data* emphasize its role in representing facts about the world. In relation to information technology, *data* is also understood as information that has been stored in digital form」（データは真実の鏡像であり、情報技術に限定すれば、電子的な形式で保存された事実の断片である）と言及されている。また、『オックスフォード現代英英辞典（第 10 版）』（オックスフォード大学出版局，2020）では、データ（data）を「facts or information, especially when examined and used to find out things or make decisions / information that is stored by a computer」（事実または情報、特に発見や意思決定に使用されるもの／コンピュータに保管されている情報）と定義している。さらに、『図書館情報学用語辞典（第 5 版）』（日本図書館情報学会用語辞典編集委員会，2020）[1]では、「データは情報を生み出す材料と見なされることがあり、評価の加えられたデータを情報と定義し、データ、情報、知識という階層関係を強調する立場がある。データを情報といいかえても差し支えない場合も多く見られ、こうした関係付けの一般化には十分な根拠はないが、これにより潜在的な情報（データ）と実際に受容された情報とを便宜的に区別することができる。」と定義している。経営情報システムなど、経営に情報を活用する方法を研究する分野でも、データの定義が議論されている。例えば Ackoff は、データを基礎として、情報、知識、知恵が階層的に形成されていく関係を提示した（Ackoff, 1989）。

　これらの複数の文献から共通していえることは、データは情報や知識の起源であるということだ。図 1-1 で示すように、データは階層的に情報や知識へとなりうるものを指している。日常的に目にする数字の羅列や CSV ファイル、表計算ソフトなどに格納されたいわゆる「データ」はもとより、書籍や雑誌に記録された文字、画像や動画、電話の伝言メモや掲示板の書き込み、さらには口頭で与えられた指示まで全てがデータである。これらに共通するのは、それが何らかのメディアに記録され、何らかの方法で他者に伝達できる状態にある

1）　データ、情報、知識の定義は、その管理と利用を研究した図書館情報学の解説を参考にすると理解しやすい。根本 他（2013）によれば、図書館情報学とは「意味あるいは内容を伴った情報（知識と呼んでよい場合も多い）を時間的空間的にやりとりする過程を対象にし、とくに、それを扱う方法や仕組みの開発に着目した分野」であると述べている。この考え方は、データ利活用においても利用できる。

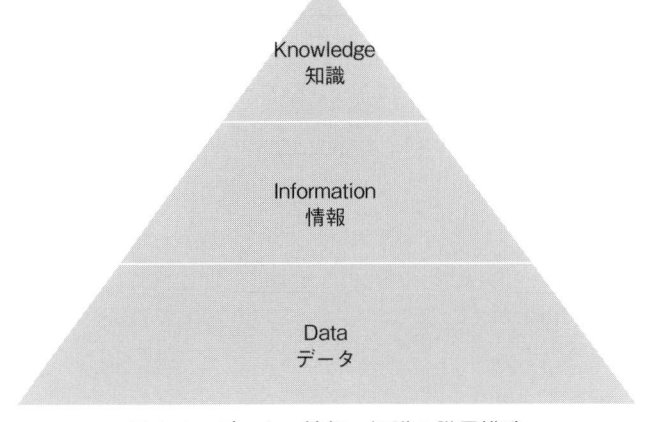

図 1-1　データ、情報、知識の階層構造

ことだ。つまりデータとは、「他者への伝達が可能な状態でメディアに記録された事象」と定義できる。

　では、そのようなデータと「情報」との違いは何か。例えば『図書館情報学会用語辞典』では、情報を「送り手と受け手の存在を想定したときに、送り手からチャネルやメディアを通じて受け手に伝えられるパターン」と定義している。この定義からわかるように、情報では「伝達」されることがより強く意識されている。データと情報の違いはその伝達の状態にある。つまり、データは他者への伝達の可能性があるもの全てを指す。一方、情報は実際に他者へ伝達されたもの、もしくは他者への伝達を目的として収集・加工されたものを意味する。データ、情報、知識の整理については、1.3 節でより詳しく述べる。

1.1.2　現代におけるデータ

　現代に生きる私たちはデータに囲まれて暮らしている。スマートフォンやIoT 技術の普及により、ビジネスに限らず日常生活を送る上でもさまざまな出来事や行動が観測され、記録されるようになった。それらのデータは高速化し続ける通信網によって送受信され、世界各地にあるデータセンターに格納される。そして、リアルタイムに処理されて私たちの生活にフィードバックされている。ビジネスの現場では、データが大規模に生み出され送受信されるだけで

パーソナルデータ	ビジネスデータ	公共データ
・ウェアラブルデバイス等で収集したデータ　ー体温、心拍数、睡眠時間、運動の記録など ・メールやメッセージ、手紙 ・ブログやソーシャルメディア（X、Instagram 等）への投稿内容 ・スマートフォンで撮影した写真や動画 ・GPS で取得した位置情報 ・メディアプレイヤーに保存された音楽 ・身体測定や健康診断の結果 ・家計 ・電話帳の連絡先 ・おつかいのメモ ・レシート ・留守番電話の録音 ・日記 ・暗証番号 ・水道光熱費の請求額 ・貯金残高 ・クレジットカードの利用残高 ・予定 　　　　　　　　　など	・製造現場の IoT 機器から収集されるセンシングデータ ・モニタリングによって生み出されるログデータ ・購買履歴 　ー卸売業者との取引 　ーエンドユーザーとの取引 ・顧客情報 ・得意先情報 ・来客者数 ・物流関連の情報 　ー仕入れ 　ー在庫 　ー倉庫 ・就業記録 ・経理、財務情報 ・従業員情報 ・組織図 ・通話履歴 ・メール、チャット履歴 ・日報 ・拠点、店舗情報 ・社内報 ・契約書 ・資産管理情報 　　　　　　　　　など	・国や地方公共団体が提供する行政や経済、国勢に関するデータ （公共情報をデータとして利用可能な状態にまとめ、公開している） 　ー気象データ 　ー交通量 　ー人口動態 　ー施設情報 　ー自治体の収支 　ー図書館の蔵書 　ー都市計画 　ー土地の価格、広さ 　ー観光地案内 　ー鉄道路線図 　ー道路網 　ー公務員の人事異動 　ー自治体内 Wi-Fi スポットのマップ 　ー公衆トイレの位置 　　　　　　　　　など

図 1-2　現代はデータに囲まれて生活している

なく、さまざまな管理や分析を経て活用されている。経営者の意思決定から現場での製品やサービスの提供まで、多くの場面でデータが経済効果をもたらしている。では、具体的にどのようなデータがあるのかを見てみよう（図 1-2）。

　日常において私たちが生み出しているデータは、パーソナルデータと呼ばれる。パーソナルデータは、生活する上で利用した機器のログデータや日々記録している体重や体温などの数値データ、誰かとやりとりしたメッセージを構成する文字データまで多岐にわたる。インターネット以前では個人の日記帳に書

かれていたような文章も、いまやインターネット上のブログやソーシャルメディアなどに書かれるようになった。さらに、写真や動画を添えて投稿されることも増えている（このようなデータは、ソーシャルデータと呼ばれることもある）。日常で人びとが生成しているデータが近年爆発的に増えている理由は、それまで個人的な領域、もしくは親しいコミュニティの中だけで行われていた行動や記録が、情報技術の活用によってより便利で刺激的なサービスとして再定義されたことにある。これらのサービスは、世界中の情報機器が互いに通信できるインターネットの存在が前提となっている。また、それにつながるPC やスマートフォンなどの情報機器と、その上で動作するブラウザ等のアプリケーションの発達も不可欠であった。さらに、AI 関連技術の急速な進歩にも注目すべきであろう。人間の状態や行動の多くを AI が観測・解釈し、自動的に記録するようになれば、パーソナルデータの量が爆発的に増加することが予想される。

　他方、ビジネスにおけるデータの利活用は早くから始まっている。軍事や航空宇宙産業などで発達したコンピュータや通信技術をビジネスに転用し成功した例は、インターネットの普及以前にも多い。センサーによるモニタリングや機器の制御、専用通信回線を用いたシステム連携などは、インターネット以前から行われている。しかし、インターネット以降はその動きが加速した。2000年代以降の E コマースの発達に始まり、2010 年代以降はクラウドコンピューティングがビジネスの現場で大きな存在感を示している。暗黙知（ノウハウ）をデジタル化・構造化する事例も出てきており、総務省はこれを「知のデジタル化」と定義した（総務省，2017）。また、M2M（Machine to Machine）データという言葉もよく耳にするようになった。これは文字通り、機械同士が通信する際に生み出されるデータである。その量と多様性はインターネット以後飛躍的に増加しており、それを記録するメディアのコストが下がったことで大量の記録が残るようになってきたのも近年の特徴である。

　さらには、国や地方公共団体が提供する行政や経済、国勢などに関する公共情報をデータとして利用可能な状態にまとめ、公開する動きも活発化している。このようなデータはオープンデータと呼ばれ、インターネットを経由し、定められた手続きと規約の上で入手できる形となっている。国勢調査の結果や

交通量の時系列データ、地図データなどがその例である。

　さて、日常生活、ビジネス、公共によって生み出されるデータの様子を観察したが、これらに共通する近年の特徴は「ビッグデータ」である。2000 年頃からのインターネット普及以降、日常生活、ビジネス、公共それぞれの現場で大量に発生するようになったデータには、加工などされずそのまま記録・保管されているものが多い。そして、近年のビジネスシーンでよくいわれる「データ利活用」という言葉は、このビッグデータを活用したいという思いが強いのではないだろうか。なぜなら、ビッグデータでないデータ、つまり、手元のパソコンに入れたり、紙で印刷したりして持ち歩ける程度のデータは以前から利活用可能であり、実際に書籍やプリントの郵送や、電話、FAX などで伝達され、利用されていたので、今さらその利活用自体が新しいビジネス課題にはならないからである。

1.1.3　ビッグデータの 3V

　インターネット以前と以後では、データが変化して「ビッグデータ」になり、そのためにデータ利活用が新たなビジネス課題になった。では、そもそも「ビッグデータ」とは何か。実はビッグデータの定義は曖昧であり、一般的にどこからがビッグデータで、どこからがそうでないかの線引きはない。そのため、ビッグデータはその特性で語られることが多い。

　ビッグデータは 3 つの V、Volume（大容量）、Velocity（高速）、Variety（多様）という特性で語られることが一般的である（Laney, 2018）。これら 3 つの特性は、企業がどのようにデータを取り扱うか、そしてデータがどのように企業に影響を与えるかについての多くの示唆を提供する。『データマネジメント知識体系ガイド 第二版』（DAMA International, 2018）では、3 つの V に関して下記のように言及されている。なお、以下の 3 つの V の説明は石川 他（2023）を参考に、データエンジニアリングの枠組みで捉えた表現に変更している。（図 1-3）

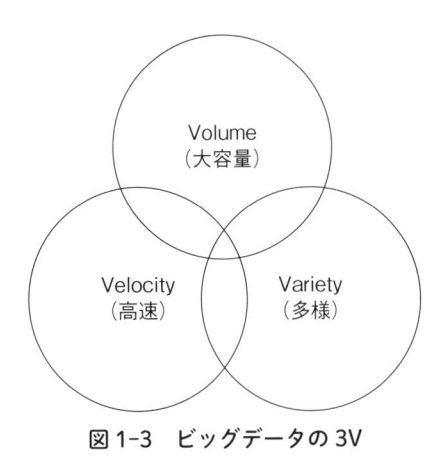

図1-3　ビッグデータの3V

- Volume（大容量）：データの量を指す。ビッグデータには、数十億のレコードの中に、実世界の物体や事象またはその構成要素を表す値が、何千種類も含まれていることが多い。
- Velocity（高速）：データが発生する速度および伝達される速度を指す。ビッグデータは生成と流通に加え、可視化や分析などもリアルタイムで行われる。
- Variety（多様）：データを記録あるいは伝達する形式を指す。データセット内やデータセット間でデータ構造が矛盾することが多い。そのため、ビッグデータを取り扱うには多様なフォーマットに対応する収集・保管方法が必要となる。

　この3Vがコンピュータやインターネットの登場および普及と密接に関連していることは、1.1.2項で述べたとおりである。コンピュータ以前にはデータとは紙や磁気テープなどのメディア[2]に記された記録の断片であり、それらの記録や保管、移動、処理には大きな時間と費用がかかったため、大容量のデー

2）　紙や磁気テープ等のメディアを集めて利活用する図書館と、データを集めて利活用するデータエンジニアリングとは相似形である。よって、その利活用を効率的に行うべく研究された図書館学、図書館情報学がデータエンジニアリングの基礎となるのは必然である。

タを取り扱うことや、それらを高速に送受信することは困難もしくは高コストであったが、1960 年頃からのコンピュータの発達と、2000 年以降のインターネットの普及・発達によってデータの記録、収集、伝達、保管のコストが飛躍的に小さくなった。そのため、データの量、スピード、多様性に課せられた制約が取り払われた。その結果、3 つの V をもったデータ、すなわちビッグデータがその利活用という文脈で一般的なビジネスシーンに登場することになったのである。

1.2 コミュニケーションとは何か

データエンジニアリングを考える上で、データと並んで重要なキーワードは「コミュニケーション」である。1.1 節でデータを定義する際、データとはメディアに記録され、伝達される可能性をもつものであり、情報とはそれが伝達された、もしくは伝達されることを前提に収集・加工されたものだとしたが、この情報の伝達が一方向、もしくは双方向で行われることが、コミュニケーションである。そこで 1.2.1 項では、コミュニケーションの定義から効率的なコミュニケーションを行うための要点を見出し、1.2.2 項では、組織におけるコミュニケーションの意味を考える。

1.2.1 コミュニケーションの定義

Shannon は、「コミュニケーション」を、あるメディアを通じて情報を交換し、共有することと定義した（Shannon, 1948）。また、Shannon は情報通信を考察し、そのなかでコミュニケーションを次の 5 つの要素で構成された通信システムとして説明した。

- 情報発信者
- 送信機
- チャネル
- 受信機
- 情報受信者

　情報発信者（人物または機械）は伝達するメッセージを生成する。送信機は、チャネルを通じてメッセージを送信するために適した信号へと変換する信号化を行う。チャネルは、送信機と受信機の間に位置し、コミュニケーションの媒体として機能する。そして受信機は、信号を受信して元のメッセージに復号化し、情報受信者（人物または機械）に届ける。図1-4において、チャネルに向かって下から矢印を伸ばす形で表現されている箱が、ノイズを発生させるノイズ源である。Shannonは、コミュニケーションの過程におけるノイズの存在に着目し、データが情報に変換される際、コミュニケーションの過程でノイズ源によるノイズを受け、情報に不正確さや誤りが生じる可能性があることを指摘し、通信の信頼性を確保するための数学的理論を構築した。

　この定義をデータ利活用の文脈に当てはめてみると、コミュニケーションとは、情報の発信者から受信者に向けて、何らかの不確実性の下で情報を伝達することであると記述できる。送信機や受信機は、実際の機器を指す場合もあれば、例えば言語や文化の違いを変換する翻訳機などを挟んだり、データを加工するソフトウェアや通信システムであったりと、さまざまなバリエーションが考えられる。また、ノイズ源も通信経路の電気的なノイズであることもあれば、ヒューマンエラーや用いる言語の曖昧さなどに起因するノイズ、発信者と受信者との間の理解の不一致などによるノイズもあるだろう。いずれにしても、ビジネス上のデータ利活用において、コミュニケーションとは情報を相手に伝えることであり、その際に最も注意すべき点はノイズの存在と、それを考

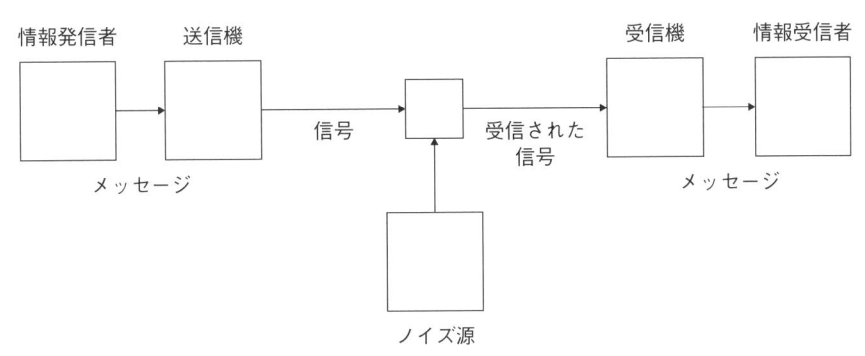

図1-4　一般的な通信システム（Shannon, 1948）（筆者訳）

慮した不確実性の制御にあると考えればよい。

1.2.2 組織におけるコミュニケーション

　次に、組織とコミュニケーションの関係について考える。

　ビジネスは主に組織によって行われる。バーナードは、組織を「二人以上の人々の意識的に調整された活動や諸力の一体系」とし、コミュニケーションが組織を成立させる要素の一つであると説いた（バーナード, 1968）。Shannonの定義を踏まえれば、ビジネスにおけるコミュニケーションとは、個人または組織から別の個人または組織へ情報を伝達し共有することである。しかし、ビジネスにおいて個人や組織間のコミュニケーションの正確性を確保することは容易ではない。これは単に伝達する音声や文字の正確性が担保されればよいという問題ではない。例えば、異なる背景や知識、考え方をもつ個人や組織の間では、たとえ通信されたメッセージに全くノイズが混入しなかったとしても、同じメッセージを読んで理解する際の読み取り方から認識離齬が生まれやすく、これも重大なノイズとなる。つまり、異なる人、異なる部署の間でのコミュニケーションは、その背景や立場の違いから必然的にノイズが混入し、発信者が意図したとおりには情報が伝わらないのである。

　では、背景や立場の違いによるノイズを軽減するにはどうすればよいか。双方が歩み寄って共通認識をもち、その上でコミュニケーションを行うことが一つの解決策である。しかし、異なる背景や立場をもった双方が共通認識をもつためには、互いに相手を理解し、相手の言葉や相手の価値観を咀嚼しなければならないというコストがかかる。よって、誰がそのコストを負うか、誰が主体的にコミュニケーションを主導するかは組織運営の根本的課題である。ここでもShannonの定義を踏まえると、共通認識をもつためには、適切なチャネルの選択と更新、継続的なフィードバックによってメッセージ伝達の障害やノイズを減らす努力が求められる。例えば、経営者が社内報を通じて、社員にメッセージを伝えるケースを想像してみよう。この場合のコミュニケーションを主導するのは発信者側である。具体的な指揮命令は上長や専門組織を通じて直接伝達されることが主であるので、社内報のような全体に向けて発信される媒体はそれ以外の効果を狙ったものである。つまり、社内の共通認識をアップデー

トし、それが指揮命令系統のコミュニケーションを効率化することを狙ったものであることがわかる。この共通認識には社是や企業風土、沿革や事業領域に関する知識、経営者や従業員のプロフィールや考え方なども含まれるだろう。社内報は、そのような共通認識をより深める方向に微調整するのが目的である。既存の共通認識を土台として、これを繰り返すことで認識を強化したり、既存の共通認識からの違いや変化を伝達したりする。もちろん、物理的に伝わらなければ共通認識のアップデートもできないため、社内でどのような伝達ツールを用いるかということも重要な選択ではある。しかし、伝達だけに注目するのではなく、事前の共通認識と事後の共通認識で何がアップデートされたかを調査することで共通認識がどの程度存在するかを確認し、また、伝達がどの程度うまくいったかを計測して次の機会に備えることが重要である。これにより、社内のコミュニケーションをよりよく効率化していくことができる。

1.3 データ利活用をつなぐコミュニケーション

1.1 節および 1.2 節ではそれぞれデータとは何か、コミュニケーションとは何かをみてきたが、ここでその両者を接続し、データ利活用をコミュニケーションによってつないでいくモデルを提示する。また、これを組織におけるデータ利活用の議論につなげる。

1.3.1 DIKAR モデル

Ward と Peppard は、情報管理におけるデータに関するアイデアを、図 1-5 に示す DIKAR モデルという形でまとめた（Ward & Peppard, 2002）[3]。DIKAR モデルは、データとビジネスのつながりを理解するためのフレームワークを提供するが、これがまさにデータ利活用の構造を表している。このフレームワークは、左から右への流れは情報システムの立場から見た捉え方を表

---

3) Ward と Peppard は、Venkatraman の作成した資料（Venkatraman, 1996）をもとに DIKAR モデルの形をまとめたと記述しているが、筆者らはその資料を入手することができなかった。

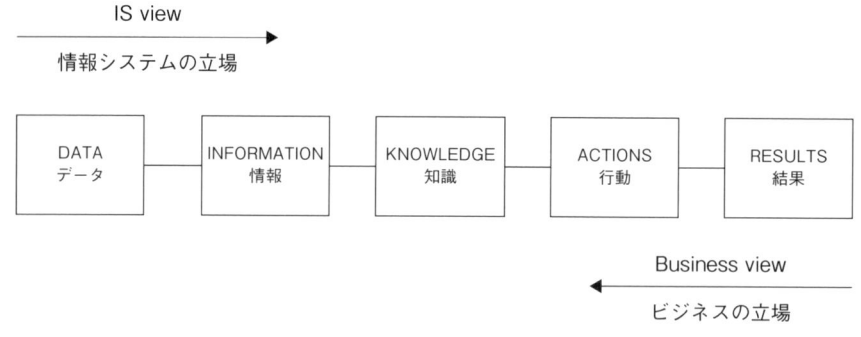

図 1-5　DIKAR モデル（Ward & Peppard, 2002）

しており、ボトムアップでデータを知識へと高めていく様子を示している。一方、ビジネスの立場から見た捉え方ではこれが逆転し、求められる結果（Results）から遡って、必要な行動（Actions）、必要な知識（Knowledge）、必要な情報（Information）、そして最終的に必要なデータ（Data）を探し求めることになる。データを利活用するということは、データが何らかのビジネス上の結果につながるということであり、そのためにはこの両側からの流れが途中でしっかりとかみ合っていなければならない。つまり、データがどれだけあって、それをいくら加工しても、最終的に結果につながらなければビジネス上の意味はないし、得たい結果から遡って知識や情報を探しても、それが導かれるデータが存在しなければ、結果は得られない。この両方からの流れを結びつけることが、「データ利活用」となる。

　では、DIKAR モデルの各段階をデータ利活用の視点で概説する。なお、順番はまず左からデータと情報を取り上げ、次に右から結果と行動を取り上げる。最後に真ん中に位置する知識の項目で、両者を接続する。

(1) データ（Data）

　データは DIKAR モデルの出発点である。1.1.1 項で見たように、データとは情報や知識の起源であったので、ここで想定するデータもさまざまな形態をもつ可能性があり、さまざまなメディアに記録された情報の断片だと捉えることができる。データベースに格納されたレコードに限らず、紙に記されたメモ、

レコーダーに記録された音声、書籍なども全てデータである。ビッグデータを想定すると、ここに並べられる可能性のあるデータは巨大である。その一方で、DIKAR モデルは左右からの流れを合致させることが重要であった。何らかの想定される結果に対して必要となるデータはそれほど広範ではないことに注意すれば、データを適切に取捨選択する必要があることがわかる。

　例えば、監視カメラがビルのエントランスを常時撮影していたとする。この監視カメラの映像はデータであり、カメラが撮影した後、定められたストレージに格納される。

(2) 情報（Information）

　情報は、DIKAR モデルの二番目の段階である。情報は、データとは違い、意味や文脈をもった状態である。データそのものは電子的な数値や文字の平板な羅列であったり、さまざまなメディアに分散していたりして使いにくい。そのようなデータを整理して使いやすい形に加工し、データの背景をまとめてデータが理解できるような付加情報をつけ、適切な形式で保管できるようにする。どこまでがデータで、どこからが情報かは区切りが曖昧だが、情報であるからには少なくともそれが何であるかが説明できる状態でなければならない。

　上述した監視カメラの例では、撮影された映像自体はデータであるが、この映像から毎分のエントランス通過人数を数えて数値データに変換し、これに適切な意味や文脈（例えば、「○○ビルディングのエントランスを通過した人数、毎分」）[4]を付与すれば、これは情報である。さらに、この情報がエントランスだけでなく全フロアのエレベーター前で取得されていれば、各フロアの毎分滞在人数という情報をつくることもできる。つまり、データに適切な背景情報を付与し、解釈可能なものへ変換すると、それは情報になる。

4）　この例のような、データがつくり出されるメカニズムのことを「データの生成機序」と呼ぶ。データ利活用におけるデータの生成機序の重要性については、1.5.2 項(3)で詳説する。

（3）結果（Results）

　結果は DIKAR モデルの一番右に位置している。データから出発して情報、知識、行動の後に得られるものであるが、ビジネスの立場ではこの結果を最初に考える。つまり、どのような結果が必要かをまず設定し、そのためにどのような行動をとるか、それにはどのような知識が必要か、と DIKAR モデルを遡ることになる。よって、結果とはビジネス上で達成したい目標であり、それをどの程度達成できたかの指標である。

　例えば、あるオフィスビルの管理運営を任されている立場であるとして、オフィスの空調に関するクレームが多いことに苦慮していたとする。得たい結果は、クレームが少なくなるようなオフィス空調の制御方法を見出すことであるとすると、この得たい結果に対して DIKAR モデルを右の R（結果）から遡って左の D（データ）からの流れとつなげることがデータ利活用である。

（4）行動（Actions）

　目的とする結果を得るためには、何らかの行動が必要である。この項目には、目的を達成しうるいくつかの行動の選択肢を用意することと、そのうちの一つを選択して実施することの両方が含まれる。つまり、何らかの意思決定によって選択肢を選んでから具体的にそれを実施するところまでを指す。

　選択肢はそれぞれ、目的とする結果に向かう方法であるが、目的とする指標の達成の度合いや、達成の不確実性が異なる。なかには達成が不可能な選択肢も存在するだろう。また、意思決定の選択肢は二択や三択のように有限個の選択肢が用意されている場合もあれば、何らかの連続値で制御されるような場合もある。いずれにしても最適な結果を得るために、とりうる選択肢の中から一つを選ぶということに変わりはない。

　（3）で例示したクレームを減らす空調制御については、そのための選択肢として例えば一つの案は空調に対する要求を受け付け、空調の設定を自動的に変更するシステムを構築し、クレームになる前に制御する方法、もう一つの案はクレームの発生とオフィス内環境との関係を分析し、クレームが発生しそうな場所を事前に予測して制御する数理モデルとシステムを開発し対処する方法としよう。このような具体的な選択肢を挙げて、選択し、目的を達成しようと具

体的な行動を起こすのが、DIKAR モデルの A である。

(5) 知識（Knowledge）

　知識とは、Ward & Peppard（2002）によれば、経験、文脈、解釈、省察を情報と組み合わせたものである。つまり、情報をもとに見出された抽象的な概念、汎化された理論や連鎖の構造である。情報との違いは、情報は事実であるのに対し、知識は事実そのものではなく、抽象化や汎化などによって枝葉がそぎ落とされているところにある。データが統計的に集められている場合、情報は統計的仮説に基づいて観測された標本であり、知識はそれを分析して得られたモデルやパラメータのこと、つまり、データ分析の結果を指すと思うと理解しやすい。ただし、これは情報システムの立場である。

　一方で、知識をビジネスの立場から見ると、それは目的を達成するために、行動の選択肢の中から一つを選ぶために必要なものである。言い換えると、各選択肢についてそれらを実施した際の将来を予測し、どの選択肢がより目的を達成しうるか、達成の度合い（リターン）とその不確実性（リスク）を推定すること、またはその根拠となる材料である。観測データなどの客観的な事実を分析した結果はもちろん知識であるが、経験も知識の一つの形態であり、過去の情報を頭の中で観察、整理して定性的に、もしくは直感的に得られたイメージであっても、それは知識である。そしてこの知識を活用し、各選択肢の将来を予測して、最善と思われるものを選び、行動を起こすと、目的とした結果が得られるのである。

　さて、これまでデータおよび情報の項目で検討していた監視カメラの例と、目的および行動の項目で検討してきた空調制御の例は、この知識においてつながることになる。行動における二つ目の案において、オフィス内の滞在人数とクレーム発生との関係性に着目し、フロア滞在人数の変化がクレーム発生につながっているのではないかという仮説を立てたとする。そこで、監視カメラの画像を解析することで得られたフロア滞在人数のデータと、クレーム発生時刻および件数のデータを突き合わせて分析を行うことで、クレーム発生における特有の事象を発見し、その発生と空調制御とを結びつけることで、クレームの

発生を抑えることができるという解決方法に至る。この方法はさらに他のさまざまな環境要因を統合し、何回かのテスト実行を踏まえた上で、空調自動制御システムに組み込まれ、クレームの減少という結果をもたらすことになった。

このように、知識は情報システムの立場とビジネスの立場とが出会う場所になる。実際には、ビジネスの立場につながらないデータや情報はたくさんあり、逆に目的や行動案はあるが、それを裏付け、予測できるデータや情報が無いケースも多い。データ利活用とは、この両者を知識で結びつけるアクティビティである。

1.3.2 コミュニケーションの必要性

上では DIKAR モデルの各段階をデータ利活用の観点から観察したが、各段階をつなぐリンクに着目すると、ここにコミュニケーションが見えてくる。

例えば、データから情報へ段階を進めるリンクを例にとろう。先に挙げた例では、監視カメラで撮影された映像がデータであり、これに適切な意味や文脈を付与して解釈可能な形に変換したものが情報であった。そしてこの流れには、監視カメラを設置する人、撮影された映像を取得する人、映像を受け取って情報に変換する人、変換された情報を保管する人など、多くの人が関わっており、その人数は規模が大きくなればなるほど多くなる。ここにコミュニケーションが発生する。監視カメラはどのような場所に設置されているか、その目的は何であったか、どのような人が撮影されているか、撮影される人数の変化はどのようになっているか、どういう不具合が想定されているかなど、監視カメラの設置だけを見てもさまざまな意味や文脈が隠されている。そして、設置に携わった人はそれを知っているが、データを受け取って情報を抽出する人がそれを全て知っているとは限らない。そのため、その背景を正しく伝えなければならない。

情報から知識、知識から行動、行動から結果についても同様である。ビッグデータ下でのデータ利活用では、データの 3V という性質によりその全てを一人で把握することが困難であり、またその利用先も多岐にわたるので、一人で完結することができず、必然的にコミュニケーションが発生し、その都度、コミュニケーションを行う両者が共通認識を構築しながらデータ利活用を進めな

ければならない。

　そして、このコミュニケーションにおいて最も重要なことは、情報システムの立場とビジネスの立場とのマッチングである。データから情報に至る情報システムの立場と、目的から行動に降りてくるビジネスの立場はその成り立ちが異なるため、意図的にマッチングさせようとしない限りつながらない。ビジネスの立場からは、どのようなデータ、情報、知識が存在するかを想像しなければならないし、情報システムの立場では手元のデータがどのように目的を達成しうるか、どのような事象を示唆できるのかを考えなければならない。データ利活用に関わる全ての関係者が、データと目的とを結びつけることに向かい、それぞれの持ち場で試行錯誤を行い、参加者全員の共通認識の土台を構築することで、ようやくデータから結果までの道筋がつながることになる。例えばデータを情報にする際のコミュニケーションでは、ビジネスの立場でいう目的が何であるかによって情報を取捨選択する必要があり、そのためには意思決定者が何を考え、どのような未来を想像しているかを知っておくべきである。また、情報をモデル化して予測を行う段階では、各データがどのような背景の下で生成されたのかを知っておく必要があり、それは実際にデータが生成される現場にいる人とのコミュニケーションによって得られるものである。

　なお、これらのコミュニケーションには必ずノイズが入り込むということを1.2節で述べたが、これは後に重要な論点になる。

1.4 ビジネスでのデータ利活用と組織

　前節まででデータおよび結果を両端とし、それをコミュニケーションでつなぐデータ利活用のモデルを考察した。本節では、このモデルをさらに実際のビジネスシーンに寄せ、データ利活用が求められる状況とそれに対応する組織のあり方について考える。

1.4.1 ビジネスシーンにおけるデータ利活用の意味

　これまで「データ利活用」という言葉を、単純にデータを利用する、活用するという意味で用いてきたが、ビジネスシーンにおいてこの言葉を使用する場

合には注意が必要である。

　もし「データ利活用」が言葉そのものの意味しかないのであれば、ほとんど全てのビジネスにおいてすでにデータは利用され、活用されている。データとは「他者への伝達が可能な状態でメディアに記録された事象」（1.1.1項）であり、例えばコンピュータの無い時代でも、どの山で何の植物が採れた、どの海域にどの魚がいた、ということが石や紙に書かれていればデータである。現代でも、例えば 20 世紀に入ってからは軍事や宇宙開発などに始まり、1980 年代でも工場のオペレーションや店舗運営などでかなり大規模に電子的、電磁気的な方法で記録されたデータが利用され、活用されていた。しかし、これらを取り上げて「データ利活用」とは言わない。現代においてすでに活用されているデータと、それを運用するためのシステムはすでに「○○システム」など固有の名称がつけられ、データ利活用を意識することなく使われている。逆にいえば、「データ利活用」という言葉が使われる背景には必ず、データを利活用できていない、データを利活用したいという要望が隠されている。

　データ利活用が達成され、「データ利活用」という言葉が使われなくなっている状況をよく見ると、活用するデータがあることと、それが活用する目的を満たしていることが同時に達成されていることがわかる。これを裏返せば、「データ利活用」という言葉の背景は、

- 活用されていないデータがある
- 目的があるのにデータがない

のうちのどちらかである（図 1-6）[5]。言い換えると、何の目的も与えられず、ただ蓄積されているだけのデータがたくさんあるとき、もしくは何らかの目的を達成したいのにそのためのデータが無いときに、「データ利活用」という言

5）これはデータ利活用に限らず、データ分析や DX（デジタルトランスフォーメーション）、AI など、近年のビジネスシーンで流行するキーワードの多くに当てはまる。これらのキーワードは、具体的に利活用されるようになると機能そのものの名前で呼ばれるようになるが、流行し、誰かが利活用しているけれど自分は使っていない、使いたいけれどどうすればよいかわからない、という場合に使われる言葉である。

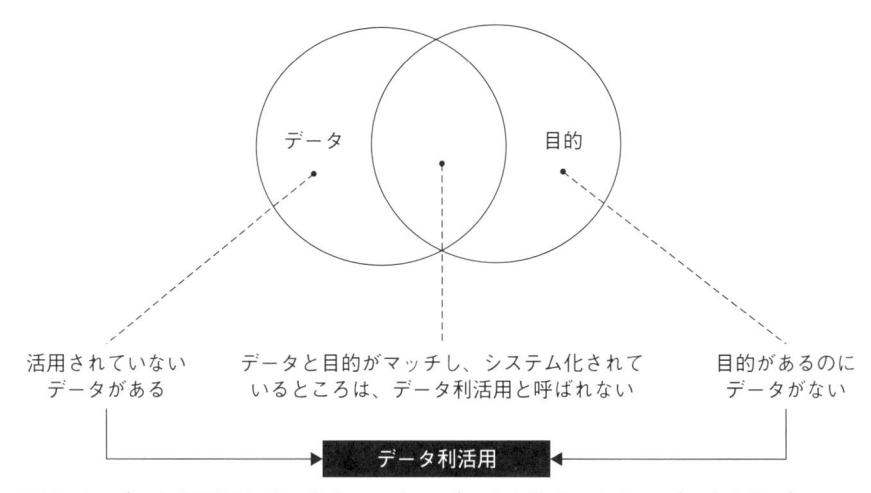

図 1-6 データ利活用とは、使えていないデータを使うことと、データと結びついていない目的をデータと結びつけて達成すること

葉が使われるのである。このことは、ビジネスの最前線でデータと向き合う際におさえておきたい。

例えば、大量の顧客データが収集され、それを集計・解析して、顧客の動向がダッシュボードにリアルタイムに表示されている状況を考える。この裏側にはデータを利活用するシステムが稼働しており、それを日夜メンテナンスする要員も配置されているのだが、これはそのシステムの名称もしくは機能の名称で呼ばれ、データ利活用とは呼ばれない。一方で、現在ダッシュボードに表示されていること以上の情報が欲しい、より細かい、もしくはより高度な分析結果を表示して、ビジネスに活かしたい（ただし今はまだできていない）といった場合は、「データ利活用」と呼ばれるようになる[6]。今あるデータの未知の可能性を探りたい、もしくは、求める情報が欲しいのに現状ではそれが得られていないといったニーズが満たされていない状況が、「データ利活用」という

---

[6] 1.3 節において解説した、情報システムの立場とビジネスの立場で考えれば、それらのマッチングがまだできていない場合には「データ利活用」と呼ばれ、マッチングされ、実際に（定常的に）利活用されるようになると、「データ利活用」とは呼ばれなくなる。

言葉を生み出している。

　なお、このことは後にデータ利活用とシステムエンジニアや情報システム部門との関係を整理する手がかりにもなる。詳細は第 2 章で述べるが、システムエンジニアや情報システム部門が担当するのは、図 1-6 の両方の円が重なった部分、つまり、すでにデータがあり、これと目的が結びついている部分であり、これを正確かつ確実に実行し続けるのがその役割である。

　実はこの図 1-6 で示す状況が生まれた背景自体が、ビッグデータの出現である。ビッグデータ以前は、データは目的のために収集するものであった。つまり、図 1-6 において真ん中の交わりの部分だけがあった。データの多くは人の目の届くところにあり、実験ノートなどに記録されたり、論文などを取り寄せて引き写したりした。数字がたくさん書かれた書籍を図書館で見たことがある人も多いだろう。もしくは、コンピュータで大量のデータを取り扱う現場があったとしてもそれは特定の目的の下でデータを集め、利用する現場であったし、集められたデータは保存にかかるコストが大きかったため、多くの場合は目的を達成した後には捨てられ、加工された情報だけが残された。

　しかし、近年になってコンピュータの処理能力が大きく向上し、インターネットによって世界中のコンピュータやセンサー、電子デバイスが接続され、データを保管する仕組みも改良され、使うことのできるデータの 3V が飛躍的に増大した（1.1.2 項および 1.1.3 項参照）ことにより、目的のために集められたデータではなく、目的なく集められたデータ、もしくは目的を果たした後に廃棄を免れたデータが大量に発生し、保存され、利用できるという状況が出現した。図 1-6 の左側の円が大きくなったのである。

　またこれにともなって、右側の円も大きくなった。本来は目的とデータは一体であり、何らかのビジネス上の意思決定に対して必要なデータは限定され、あとはそのデータをつくらなければならなかったし、必要なデータをつくれなければその目的を達成することはできなかった。ただしこれは、目的とデータとを一体で考えられるほどにはデータが小さかったからである。医療統計や農業統計などの分野を観察するとよくわかるが、目的を達成するためには高度にコントロールされたデータが必要であり、そのようなデータは生成に要するコストと所要時間の面から小規模にならざるを得ない。しかし、ビジネスシーン

ではなかなかそこまでデータをコントロールすることができない。ビジネスシーンは常に流動的であり、常に競争が発生しているので、完全にコントロールされたデータを生成するコストと時間の余裕がなく、かといって競争環境においては意思決定をしないわけにはいかないので、今あるデータをうまく利用して目的を達成する方法を考えなければならない。

ビッグデータ時代の到来は、その状況にうまくマッチした。従来は目的から範囲が決められていたデータが、そのような限定無しに大量に使える状況に変化したので、目的をもつ側も想像が膨らみ、もしかしたらこんなこともできるのではないか、わかるのではないか、といった期待が大きくなった。つまり、具体的なデータと結びついていない目的、もしくはニーズが発生し、それらに対してデータを後付けするような流れが生まれたのである。

まとめると、ビジネスシーンにおいて「データ利活用」はその言葉通りの意味で用いられることよりも、今はまだ利活用できていない状況に対して用いられることが多く、それを後押ししたのはビッグデータ時代の到来である。

1.4.2 データを利活用するための機能と組織

次に、ビジネスシーンにおけるデータ利活用において、企業を構成する各組織は現状どのようにデータ利活用に関係しているか考える。

1.4.1 項で述べたように、そもそもデータ利活用がビジネス上の課題となったきっかけはビッグデータである。そのため、データ利活用と組織との関係もビッグデータを前提として考える。

まず、ビッグデータ下では、一人の力では課題に対応することができず、必然的に組織で対応しなければならない。1.3 節ではそのことを DIKAR モデルで観察した。データから行動、結果に至るまでのプロセスを機能で分業し、コミュニケーションでつなぐことが必要となる。具体的には、データを収集する機能、データを情報に変換する機能、情報を集めて知識に変換する機能、それを使って実行する機能が存在して、これらの間をコミュニケーションでつなぎながら、データ利活用が進むことをイメージすればよい。

データの収集には、データを企業の外部から調達することのみに留まらず、

自社で行われているさまざまな活動をデータとして記録すること、つまりデータを生成することも含まれる。例えば、営業活動のデータや自社 EC サイトのログデータなどのモニタリングデータ、工場での各種センサーから取得されたデータなどのセンシングデータが挙げられる。これらのデータは企業の中の実際に顧客や製品と接触する場所で発生している。逆にいえば、企業が完全にはコントロールできない相手であるからこそ、そのデータを収集するのである。その意味で、データを収集する組織は、企業の中で現場でのオペレーションを担う部署であることがわかる。以下では、このようにデータ利活用においてデータ収集・生成機能をもつ組織を「オペレーション部門」と呼ぶ。

収集されたデータはその後、情報へと加工される。これは DIKAR における I（情報）に相当し、現代の企業では情報システム部門など、情報処理を担う組織が担っている。ビッグデータを背景としていることから、収集・生成されるデータは質・量ともに非常に大きいことが想定されるので、これらを正確に情報へと加工し、社内に蓄積し、定められた方法によって他部門へ確実に提供することが求められている。以下では、このようなデータ利活用におけるデータの加工・蓄積機能をもつ組織を「情報システム部門」と呼び、データを加工、蓄積する仕組みのことを「データ基盤」と呼ぶことにする。

情報を使って知識を獲得し、それを行動に移して目的とする結果を得ようとするのが DIKAR モデルの K（知識）、A（行動）、R（結果）であるが、知識は分析の結果であり、行動とはそれに基づく意思決定を指していた。データ分析と意思決定は、情報と知識に基づいて、過去の事象から因果関係[7]を見出し、期待する R（結果）を達成するために、複数の選択肢から最善のものを選ぶ行為である。企業では経営者や執行役員、経営企画部門などが、この意思決定やデータ分析を行う。ビッグデータ以前では、これらの機能を担う組織が独自にデータの収集から加工、蓄積、利用までを行っていたが、ビッグデータによってデータの収集・生成とデータの加工・蓄積が分業化された。以下では、

7）実際のデータ分析において明確に因果関係を見出すことは困難である。ほとんどの場合、データからは相関関係しか見出すことができないのだが、ビジネスデータ分析においてはそれを因果関係と見なして（もしくは信じて）意思決定しなければならないことが多い。

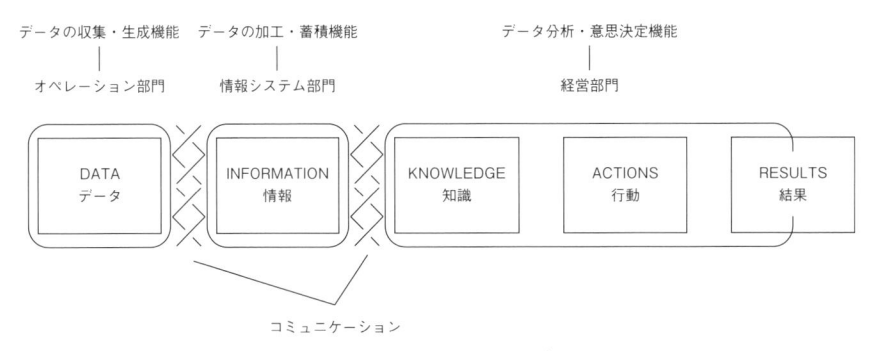

図 1-7　DIKAR モデルと実際の組織との対応および発生するコミュニケーション

表 1-1　データ利活用の三機能モデル 対応表

データ利活用上の機能	企業内での主な部門	説明
データ分析・意思決定機能	経営部門	1.5.1 項
データの収集・生成機能	オペレーション部門	1.5.2 項
データの加工・蓄積機能	情報システム部門	1.5.3 項

このようにデータ利活用においてデータ分析・意思決定機能をもつ組織を「経営部門」と呼ぶ。

　これらの対応をまとめたものが、図 1-7 である。また、次の 1.5 節では、これをデータ利活用の「三機能モデル」としてそれぞれ解説するので、表 1-1 にその対応を示す。

1.5　データ利活用の三機能モデル

　本節では、データ利活用をデータ分析・意思決定機能をもつ経営部門、データの収集・生成機能をもつオペレーション部門、データの加工・蓄積機能をもつ情報システム部門に分けた「三機能モデル」について、それぞれの機能＝部門が具体的にどのようにデータ利活用に携わっているかを整理する。

その整理の切り口は次の三項目とした：

- ●ビジネス上のミッション
  - ➤この部門が担うビジネス上の本来のミッションを記す。
- ●データ利活用で担う機能
  - ➤この部門がデータを利活用する上で割り当てられた機能を説明し、実際に遂行すべき役割を記す。
- ●データ利活用において提供する視点
  - ➤この部門がデータ利活用において、他の部門に提供する情報や知識[8]について記す。

なお、ここでこの三つの切り口を考察する背景には、三つの部門全てにおいて、ビジネス上のミッションと、データ利活用において担う機能が少しずれていることを示したいからである。このずれがデータ利活用の困難につながるので、注目していただきたい。

次の 1.5.1 項、1.5.2 項および 1.5.3 項では経営部門、オペレーション部門、情報システム部門の順に、上の三つの切り口についてそれぞれの部門の特徴を示す。

1.5.1 経営部門とデータ分析・意思決定機能

本項では、データ分析・意思決定の機能をもつ経営部門に注目し、それがもつビジネス上のミッション、データ利活用で担う機能、データ利活用において提供する視点を述べる。

---

8) ここでの情報や知識とは、DIKAR モデルで示した情報や知識とは異なる層のものを指している。DIKAR モデルの情報、知識はそれが目的とするビジネス上の目標に対して利用する情報や知識であり、ここで用いた情報、知識はそのようなデータ利活用を成功に導くために三者がそれぞれ持ち寄り、用いられる情報や知識、つまり、メタ情報やメタ知識のことを指している。用語の混乱を避けるため、以下ではこれらを「視点」と呼ぶ。

(1) ビジネス上のミッション：企業目的の設定と達成

　Fayol (2013) によれば、企業経営は予測や計画、組織化、指揮、調整、コントロールといった主要な活動で構成される。これらの活動はまさに、企業目的を設定し、達成するために行われる。企業が成し遂げたいことは実に多様であり、企業の設立趣旨や存在意義そのものが反映される。例えば、利益の拡大で企業の所有者、経営者、従業員の生活をより豊かにすることを目的とする企業、製品やサービスを通じて顧客の便益を増大させることを目指す企業、経済効果を波及させることによって社会への貢献を志す企業、今までにないテクノロジーを生み出し科学技術の発展に寄与することを目標に掲げる企業などが挙げられる。

　そして具体的にその企業経営を担う組織が、経営部門である。経営部門は企業の舵取りを担う存在であり、企業の目的を達成するためにさまざまな意思決定を行う。意思決定の内容には、例えば利益の最大化やリスクの軽減、新規事業開拓、顧客満足の向上、法令遵守等を考慮するが、それらの目的を明確に提示し、企業内の各組織へ意思を伝達して統一した行動を促す。企業が目的を達成するためには、経営部門の意思決定内容を説明すること、つまり、なぜその方向に進むのか、どのような戦略をとって目的に達するかを伝えることも重要な課題となる。

(2) データ利活用で担う機能：データ分析・意思決定機能

　経営部門のミッションはビジネスにおける企業の目的を設定し達成することであるが、その目的が達成可能であるか、また、具体的にどのような戦略をとれば達成可能であるかという課題は、つまり未来予測である。よって、実行可能な選択肢を導き出し、その中のいくつかのとりうる選択肢について、できる限り正確に未来予測をすることが目的達成の可能性を高めるのだが、その未来予測の正確性を向上させるのが、1.4.2 項で述べたように DIKAR モデルにおける「知識」であり、知識を支える「情報」、「データ」であった。企業経営における意思決定という行動において、未来予測に用いられる知識には経営者自身の勘と経験に依存するものも多い。しかし、ビッグデータ以降においては 3V が爆発的に大きくなったデータを使いこなすこと、つまり、効率的にデータを

情報へと加工し、そこから知識を獲得することで、より客観的で正確な未来予測につなげられる可能性がある。これをデータ利活用の立場から捉えれば、経営部門は、データに基づいて分析を行い、とりうる選択肢のそれぞれについて未来を予測し、その中から最適なものを選ぶ。よって、データ利活用における経営部門の責任は、データを分析し、意思決定につなげることである。

意思決定のためのデータ分析を考えるにあたっては、Simon による「意思決定の IDC モデル」がわかりやすい（Simon, 1960, 1997）。このモデルでは意思決定を次の三段階に分けている。

- Intelligence（情報収集）：現状認識と意思決定を要する課題の発見
- Design（計画）：課題の解決策となりうる複数の行動案の検討
- Choice（選択）：行動案の選択

実際に行われるデータ分析もこの三つの段階で様子が異なるので、それを紹介する。

第一段階の Intelligence（情報収集）は、集めたデータから現状を認識、整理し、課題を発見する段階である。よって、データを分析する見方も発見的視点、すなわちデータから異常や欠陥、変化、もしくは新しいアイデアや知識を発見することとなり、これは探索的データ分析と呼ばれる。そして、探索的データ分析で最も重要かつ効果的な作業は集計・可視化によるデータとの対話である。分析者が想像力を膨らませ、さまざまな仮説や視点をもってデータを観察し、そこから気づきを得ることが最も重要な作業となる。いったん得た気づきはそれに留まるのではなく、その気づきから再度データを観察し、新たな気づきにつなげること、つまり、気づきの連鎖を意図的に誘発することができれば、探索的データ分析は実りの大きいものになる。なお、探索的データ分析には他にもさまざまな手法（データマイニングと呼ばれることが多い）が提案されているが、それらは限定された形式の課題とデータには効果があるものの、汎用的に使える手法ではない。どのようなデータマイニング手法が使えるかは、統計解析に熟練した分析者が事前の集計・可視化によってある程度目星をつけた上で判断されるものなので、その意味でも探索的データ分析では集

計・可視化が最も重要なのである。

　第二段階の Design（設計）は、解決策の検討である。第一段階で得た気づきをもとに、この段階では複数の選択肢＝行動案を構築、比較し、それぞれの予想される結果を導く。ここで行われるデータ分析は、仮説検証である。仮説検証では前提となる仮説、つまり、「もし A ならば B となる」という命題を設定し、データからこの命題の確からしさを検証する。さらに、仮説の確からしさを土台として将来の予測までを行うのもこの段階である。つまり、「もし A ならば B となり、その結果、将来の予測値は C となる」ところまでを導き出す。分析にあたって、統計数理の背景や経験を最も強く求められるのもこの段階である。

　第三段階の Choice（選択）では、第二段階で得られた予測結果に対して行動案を選択し、具体的に実施する。各選択肢には、その選択肢を選んだ場合にどのような結果が得られるか、つまり、選択肢のリターンと、その結果がどの程度確からしいか、つまり、選択肢のリスクが示されている。そこでこの段階では、リターンとリスクのペアを比較し、最も目的に沿うものを選ぶことになる。

　この段階で必要な分析の視点は、結果の確認である。一つの選択肢を選んだ後に実行するのだが、その結果が予想とどの程度一致しているか、一致していなければ、なぜ一致しなかったのか、どのような考慮漏れがあったのかをまた次の分析にフィードバックする必要がある。

　なお、実際のビジネスの現場では、分析の目的のために必要なデータが十分に得られるとは限らない。むしろこれだけデータが溢れる現代においても、観測が十分できていなかったり、コストがかかりすぎたりするために必要なデータが集め切れないことのほうが多く、データ分析はある部分では根拠が曖昧な仮説、推測、憶測などをもとにしなければならない状況がしばしば発生する。そのため、意思決定後の結果をモニタリングし、結果との乖離をフィードバックすることが重要なのだが、これと合わせて重要なのがその解釈である。図1-8 で示すように、データの解釈、分析モデルの解釈、結果の解釈など、さまざまな事象を自身の知識と照らし合わせて解釈することは、分析の各プロセスから得られる情報をビジネスの文脈やデータが生成された背景に沿って知識化

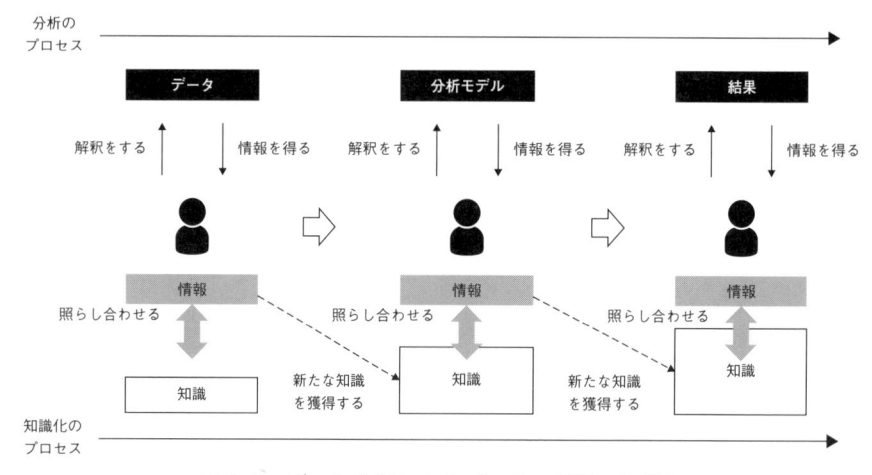

図 1-8　データ分析によるデータ、情報の知識化

する行為である。言い換えれば、分析のプロセスを通して得られる情報を理解可能なストーリーとして、自身の知識の中で血肉化させることである。経営部門が行うデータ分析と解釈の構築は事業の適切な方向性を見極め、その戦略や方針を形成するプロセスの出発点にもなる。市場の動向、顧客のニーズ、競合の動きなどをストーリーとして把握し、意思決定に役立てるのである[9]。

(3) データ利活用において提供する視点：分析の目的

　では、データ利活用において経営部門が他部門へ提供する視点は何か。ここでいう視点とは、データ利活用を推進する中で経営部門のみがもっており、他の部門に共有しなければならない情報や知識のことであった。そして経営部門の視点は、「分析の目的」である。つまり、なぜその分析をするのか、何のためにデータや情報が必要なのかは経営部門が定めるものなので、経営部門しかその視点をもっておらず、かつ、その視点は他の部門に共有されなければなら

9）　それぞれの部門がデータ利活用上の機能を果たすには、自身の知識だけでなく他部門の知識を必要とする。その意味では、DIKAR モデルはデータ利活用のアウトプットを生み出すための過程だけではなく、それぞれの部門が自身の機能を果たす過程にも当てはめることができる。

ない。

　さらに、伝えるべき内容は、(2) で示した意思決定の三つの段階（IDC）によっても異なる。

　第1段階のIntelligence（情報収集）は現状認識と課題発見であり、探索的なデータ分析を実施する。このような分析ではデータを広く浅く観察し、気づきを得たり、そこからさまざまなアイデアを考え巡らせたりする。正確性をある程度犠牲にしても、可能性や範囲を広げたほうがよい。よって、この段階で経営部門が伝えるべきなのは発見的な探索をしていること、どのような目的の下で手がかりを探しているかという視点である。

　第2段階のDesign（設計）は解決策の検討である。この段階では、複数の選択肢＝行動案を比較し、その違いを見極めるので、仮説検証と呼ばれるデータ分析が行われる。そして、この段階でデータに求められる性質は正確性である。ただし、闇雲に正確である必要があるというわけではなく、不正確であってもその不正確さの度合いがわかっていることや、どのような素性で収集・生成されたデータであるか、それがノイズやエラーも含めてどのようなプロセスで加工されたのか、といった、データ生成に至る明確なプロフィールが求められる。よって、他の部門に分析の目的を伝える際も、検証のために十分な正確性をもった情報を求めていることを伝えるとよい。

　第3段階のChoice（選択）では、実際に行動案を選択した上で、実施している結果をモニタリングし、仮説と結果との比較をしている。よって、この段階で他部門に伝えるべきは、仮説と実際の乖離を観察していることである。これまでとの変化があるはずであり、その変化が目的と合致しているかどうかが注目点なので、これを伝えて変化に気付いてもらうとフィードバックが大きい。

　このように、意思決定の各段階において経営部門が必要とするデータは変化するため、経営部門はこれを他部門に伝え、その目的に沿ったデータの提供を依頼することになる。

1.5.2 オペレーション部門とデータの収集・生成機能

　本項では、データの収集・生成機能をもつオペレーション部門に注目し、そ

れがもつビジネス上のミッション、データ利活用で担う機能、データ利活用において提供する視点を述べる。

(1) ビジネス上のミッション：外部とのコミュニケーション

オペレーション部門は、日々の業務を実際に遂行する部隊である。例えば製品の製造からサービスの提供、販売、顧客対応、資材の調達といった多くのオペレーションプロセスをこの部門が担うが、これらを一括して「外部とのコミュニケーション」と本書では表現する。外部とは、企業から見れば一般的には顧客や取引先など組織外の利害関係者を指し、コミュニケーションとは財や情報のやりとりを指すのだが、データ利活用について考える場合には、外部とは「データを入手する対象」と置いておくほうが考えやすい。つまり、オペレーション部門とは、外部に対して何らかの働きかけを行い、その成果とともにデータを観測して入手する部門であると言えよう。例えば、顧客や取引先は販売データを入手する対象であり、それらと相対する販売部や営業部はオペレーション部門である。さらに踏み込んで、自社工場での生産設備のデータ利活用を検討する場合には、オペレーション部門は生産設備に対して働きかけを行う部門だと考えればよく、人事部が従業員の満足度調査を行う場合は、人事部が従業員に対して働きかけを行い、データを入手するというオペレーションを行っている[10]。このような視点から、オペレーション部門のミッションとは、経営部門からの指示に基づき、全ての外部とのコミュニケーションを担うことといえる。

特に、この外部とのコミュニケーションを効率的に遂行することが、オペレーション部門にとって最優先課題であることに注意すべきである。例えば生産現場であれば、生産コストを最小化しながら、指定された製品を確実に生産すること、営業チームであれば営業コストを最小化しながら、営業成績を上げ

---

10) アナロジーとして、人体を想像してもらいたい。経営部門は大脳であり、オペレーション部門は手や足などの可動部および目や耳、皮膚などのセンサーである。大脳だけでは全く外との接点をもたず、全ての情報はこれらセンサーや可動部を通じて外へ発信したり、外からの情報を受信したりする。手や足を使って作られた製品は人体の外部にあって、目や耳でモニタリングされる。

ることなどがこれに当たる。これらのミッションはオペレーション部門にとって直接的な影響をもたらし、またその評価軸の中心となっている。そのため、これ以外のタスクは評価対象にならないか、もしくは対象だったとしてもその優先度は低い。

(2) データ利活用で担う機能：データの収集・生成機能

　オペレーション部門は外部へ働きかける唯一の部門であると同時に、外部からの情報の唯一の入口である。つまり、データを利活用するためのデータの収集経路は、オペレーション部門からの入手のみである。顧客の行動データや生産管理データなどはオペレーション部門で収集もしくは生成される様子が容易に想像できるが、例えば他の企業等からデータを購入するような場合でも、データを購入するというオペレーションが存在して、オペレーション部門がそれを担うと考えれば整理しやすい。これらのデータが社内に流通することで、経営部門がそれを利用できるようになる。

　さて、オペレーション部門で収集・生成されたデータは、さまざまなプロセスを経て経営部門に渡り、意思決定がなされ、その結果はやがて現場に反映される。つまり、オペレーション部門が収集・生成したデータは意思決定のプロセスを経てまたオペレーション部門に返ってくるというサイクルが存在する。例えば、製造ラインにおいてセンサー等から生成されたデータや、作業者がいつどのような作業をどれだけ実施したか、といったデータが収集できれば、経営部門はそれと生産性等の指標とを掛け合わせた分析を行うことにより、オペレーション部門に対して効率性の向上や安全性の向上などを目的とした施策を導入することができる。しかし、逆に、オペレーション部門からそのようなデータが経営部門に向けて送信されなければ、経営部門は他のどこからもそれらのデータを入手することはできない。よって、企業活動の遂行および改善のための意思決定は、オペレーション部門が収集・生成するデータがなければ実行不可能である。すなわち、オペレーション部門は外部との唯一の接点で、データを収集・生成する責任があり、このデータ無しではデータ利活用が進まず、企業としての活動を効率化することにつなげることができない。ところが、オペレーション部門の評価軸は対外コミュニケーションが最優先であり、

データ収集・生成については副次的に行われるものだと認識され、重きが置かれていないことがほとんどである。どんな企業であっても、オペレーション部門による対外コミュニケーションが失敗すればデータ利活用などする余地もなく破綻してしまう。そのため、最優先事項は外部とのコミュニケーションで、余力があればデータ収集・生成にコストが割かれる程度であることを憶えておく必要がある。

また、ただ闇雲に事象を観測し、記録さえすればよいというものでもない。オペレーション部門は対外コミュニケーションの中で多くの事象に遭遇するが、それらの中にはデータとして捉えきれない事象、記録しにくい事象、記録するためには多大なコストがかかる事象もあるので、何をどの程度記録し、データとして残すかは、データをどのように使うかを考える部門、すなわち経営部門が決めなければならない事項である。当然、その費用対効果や実施可能性なども考慮すべきであり、適切な取捨選択が求められる。特にオペレーション部門ではデータの収集・生成は最優先事項ではないため、事象の観測・記録がオペレーション部門にとって単なる負担、経営部門から強制された余計な作業として捉えられないように留意すべきである。そのためには、事象を観測・記録する目的や意義を明確にし、オペレーション部門がそれらの役割を担うことで、企業活動全体の効率性が上昇し、オペレーション部門にも何らかの恩恵がもたらされることを示さなければならない。

(3) データ利活用において提供する視点：データの生成機序

外部とのコミュニケーションがオペレーション部門のもつビジネス上のミッションであるが、データ利活用においては、オペレーションの現場で起こる事象を観測・記録し、データ生成するという役割が与えられた。つまり、記録されるデータはオペレーション部門にとっては自分たちの対外コミュニケーションの記録である。よって、このデータがどこで、どのようにつくられたかを最もよく知っているのはオペレーション部門である。このデータのつくられ方のことを「データの生成機序」と呼ぶ。具体的には、データの生成機序とは、そのデータが生成される具体的な手順や処理方法、対応する現象など、データが生成されるに至るメカニズムのことであり、データ自体ではなくそのデータのつ

くられ方やデータが生成されるに至った背景などを説明するための詳細なメタ情報である。

　例えば、顧客の購買行動を記録したデータに「年齢階層」という項目があった場合、それはどのような生成機序により取得されたものだろうか。アンケート用紙等に顧客が自ら記入したものか、ID カード等によって第三者が正確に収集したデータと紐付けたものか、従業員が来店客を見た目で判断して設定した値か、年齢階層を一つとってもさまざまな生成機序があり、それによってデータが表現する事象が異なって見えてくる。例えば、スーパーマーケット等の小売店で発行したポイントカードからカード登録者の年齢を取得したデータの場合、世帯内でのカードの使い回しによって実際の購入者とカード登録者との年齢が異なる可能性がある。また、店員が来店客を見た目で判定して入力した年齢階層の場合、実年齢との乖離があることを前提に分析しなければならない。

　つまり、データを利活用する際には経営部門と情報システム部門はデータの生成機序を知る必要があり、オペレーション部門はそれを伝える役割を担う。よって、データを観測・記録する際には、同時にそのデータの生成機序を明文化しておかなければならないのだが、これは容易ではない。なぜなら、そのデータの生成機序の何をどの程度詳しく書く必要があるかは、経営部門がどのような分析をしようとしているか、また、情報システム部門がデータをどのように加工・蓄積しようとしているかによるからである。そのため、オペレーション部門は経営部門や情報システム部門とのコミュニケーションの中でそれを解決する必要がある。

1.5.3　情報システム部門とデータの加工・蓄積機能

　本項では、データの加工・蓄積機能をもつ情報システム部門に注目し、それがもつビジネス上のミッション、データ利活用で担う機能、データ利活用において提供する視点を述べる。

(1) ビジネス上のミッション：正確な情報処理

　情報システム部門は、組織において、正確にデータを管理し、確実に情報を

提供する役割を担う。近年のビジネス環境は非常に高速かつ大規模になってきているが、その背景には高速かつ正確で確実な情報システムの存在がある。連結された全てのシステムはほとんど、もしくは全くミスなく、稼働を約束した時間については確実に動作し、定められたスピードで処理をこなすことで、全てのシステムが安定的に動作し、それによって付加価値の高いサービスが維持されている。つまり、情報システム部門が取り扱うデータや情報は正確かつ確実であることを最優先に扱われるべきものであり、データが大量にやりとりされ、情報がさまざまなサービスの根幹を担う現代においては、正確かつ確実な情報処理は、意思決定やオペレーションの質に大きく影響する。そのため、情報システム部門がもつミッションを経営部門とオペレーション部門のミッションに内包せず、同等に考えるべきである。

　情報システム[11]が導入された組織においては、情報システム部門が情報システムの保守運用の役割を担い、正確な情報処理を維持する。そもそも情報システムを導入する目的は、ビジネス上のミッションである正確な情報処理を常時運用することにほかならない。

(2) データ利活用で担う機能：データの加工・蓄積機能

　情報システム部門は、データ利活用において、データの加工・蓄積機能を担う。企業がもつ膨大なデータや情報を加工・蓄積することで、他の部門（特に経営部門）が必要とする情報を必要なときに取り出せるようにすることもこの部門が担う機能に含まれていることが多い。複雑で多様な形のデータを加工・蓄積するインプットの流れだけでなく、データベース等に蓄積されたデータに加工を施しながら取り出すアウトプットの流れも合わせて、正確かつ確実に情報を流すことについて責任をもっている。

　データの加工は、データの品質を保ち、構造を整えること、また、データの

11）　Davis と Olson は「経営情報システムは、一般的には企業におけるオペレーションや管理、分析、意思決定などの機能をサポートする情報を提供するための、人間と機械の両方の要素が統合されたシステムであると理解されている」と述べた。また、「経営情報システム」と「情報システム」は同義であるとした（Davis & Olson（1985）より筆者訳）。

蓄積はそれらを単に保存しておくだけではなく、取り出しやすい状態で保管することである。データは多岐にわたる場所から収集されるため、統一や整理を意図的に行わない限りは、その形式や品質にはばらつきが存在する。品質と構造の面で利活用に値するデータが常に準備されていることは、データの加工・蓄積機能が果たされているかを評価する際の基準となり、組織におけるデータ利活用が円滑に行われているかどうかの指標にもなる。

情報システム部門がデータ利活用の文脈で担う機能であるデータの加工・蓄積は、他の部門の状況と異なり、作業自体は自部門のミッションと非常に似ているのだが、実はここに落とし穴がある。情報システム部門のミッションの特徴は、正確性、確実性であった。その正確性や確実性は全くミスのない正確性、全く漏れの無い確実性なのだが、データ利活用の文脈で求められるのは統計的な確からしさであったり、ある程度のノイズや曖昧さをもちながらもそれが迅速に得られることであったりする。例えば経営部門が何らかのデータをリクエストする際、そのデータは多少のミスは許容しても今すぐ入手し、すぐに使いたいのか、それとも時間がかかってもいいから正確なデータが欲しいのかで、情報システム部門の仕事は大きく異なるし、データ利活用の実情としては前者のリクエストの方が多く、この点でデータ利活用上の責任であるデータの加工・蓄積と、正確かつ確実な情報処理というビジネス上のミッションの間には明確な違いがあることがわかる。情報処理の正確さを高めるには時間を要する場合が多く、データの鮮度とはトレードオフの関係となる。したがって、ビジネス上のミッションとしての情報システムの運用と、データ利活用におけるデータの加工・蓄積とは分けて認識すべきである。

では、情報システム部門はどのようにデータの加工・蓄積の機能を担えばよいか。

まずは、即時性が求められるアドホックなデータ加工を本来のミッションから切り離す必要がある。なぜなら、即時性と正確性は相反するからである。即時性が求められるデータ基盤を情報システムから離して構築・運用することが望ましい。また、そこにアクセスできる人員も情報システムとは別の観点で制御し、セキュリティを確保しながらも、アクセスできる人員が即時的にデータを観察、加工、保管できるような環境を整備することが理想である。経営部門

やオペレーション部門の立場で考えれば、必要なときに必要なデータにアクセスできることは、データ利活用におけるストレスを軽減する。そして、ストレスなくデータ利活用に取り組めることは、組織全体のデータ利活用のモチベーションを持続させることに寄与する。その一方で、自由度の高いデータへのアクセスはセキュリティの低下をもたらす可能性も考慮しなければならない。セキュリティと利活用とのバランスを保ち、使いやすくかつ安全なデータ利活用の基盤を用意することは簡単なことではないが、達成できればデータ利活用が大きく前進するであろう。

また、アドホックなデータ加工が行われている中で、次第に定型化、定常化される作業があるので、これらを次第に情報システムに組み込んでいくことも有意義である。いつも使っているデータが正確かつ確実な情報システムの中で生成されることで、よりその正確性と確実性が担保されるので、データを利用する側にとっては毎回のコストが低下する。

情報処理に関わるツールやナレッジを提供することも、データ基盤が積極的に利用されることに寄与する。まずは身近な情報処理ツールの仕様や使い方を説明することから始め、経営部門やオペレーション部門のデータ基盤への関心を引き出すことができれば、データ利活用におけるコミュニケーションコストを低下させることができる。

(3) データ利活用において提供する視点：データ基盤の仕様

企業活動におけるさまざまなデータを大量に保有する情報システムは、データ利活用の視点から見れば巨大なデータのプールである。そこで経営部門は情報システム部門に対して分析や意思決定に必要なデータをリクエストしたり、オペレーション部門は取得したデータの加工や保存をリクエストしたりする。そこで必要となる知識は、データ利活用に関する経営部門やオペレーション部門のリクエストが実現可能か否かを判断するための知識であり、それはすなわちデータ基盤の仕様である。どのようなデータがどこに、どのような形式で存在するか、どのようなデータを保管し、どのようなデータは利用せず破棄されているか、いつからそのデータが存在し、いつまで保管する予定かなどがデータ基盤の仕様を構成する。

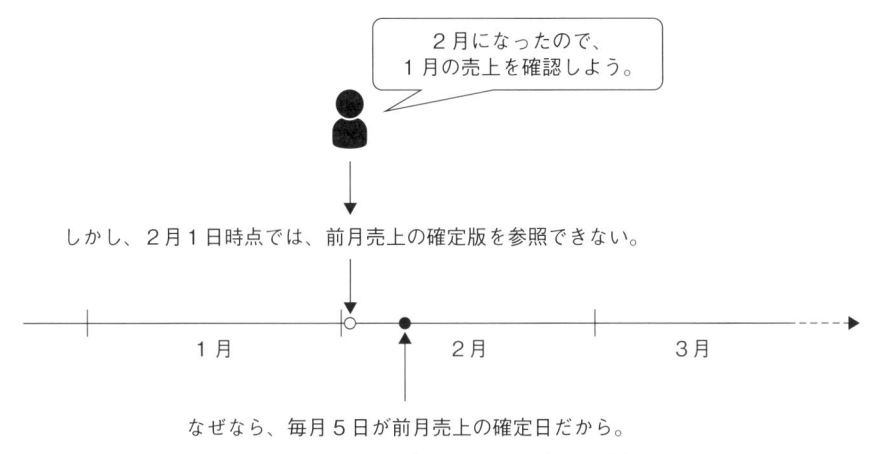

図 1-9 情報システム部門が周知すべきデータ基盤の仕様の例

　例えばコンビニエンスストアチェーンなどでは全ての店舗の売り上げが商品 SKU（Stock Keeping Unit，最小の管理単位）別に記録され、保管されているのだが、図1-9で示すように、当月の売上が翌月5日に処理・確定されるという仕様でデータ基盤が設計されている場合、翌月1日にはまだそのデータは存在しない。ここで経営部門から売り上げの確定前にそのデータのリクエストがあった場合は、データ基盤の仕様を把握している情報システム部門がその旨をあらかじめ周知しておく必要がある。必要なときに、必要なデータを利用できることが理想であるが、加工・蓄積するデータには制約や条件が存在することを、他の部門に説明する必要がある。

1.5.4　三機能モデルのまとめ

　ここまでで、三つの機能＝部門におけるビジネス上のミッション、データ利活用で担う機能、およびデータ利活用において提供する視点を解説した。表1-2は、これらをまとめたものである。

表1-2 三機能モデルにおいて各部門が果たす役割

	経営部門	オペレーション部門	情報システム部門
ビジネス上の ミッション	企業目的の設定と達成	外部とのコミュニケーション	正確な情報処理
データ利活用で 担う機能	データ分析・意思決定	データの収集・生成	データの加工・蓄積
データ利活用に おいて提供する 視点	分析の目的	データの生成機序	データ基盤の仕様

1.6 企業の成長と機能の分化

　ここまではデータ利活用の視点から企業の各部門が担う機能、および部門間のコミュニケーションについて考えてきたが、コミュニケーションにはそれが必要になった背景が存在する。本節では、企業の成長と、それに伴う権限移譲に合わせて企業内のコミュニケーションがどのように変化し、それがデータ利活用に対してどのように影響を与えたかについて考える。各部門が内包するビジネス上の機能が分化する背景に触れることで、部門間のコミュニケーションの重要性をより理解しやすくなる。

　なお、本節では前出の各部門からそれぞれが主に担う機能に注目し、その機能が企業の成長の中でどのように分化したかという視点で検討する。よって、経営部門は意思決定機能に、オペレーション部門はオペレーション機能に、情報システム部門は情報処理機能に、それぞれ読み替えればよい。ただし、部門として独立したのはそれが組織となった後であり、分化する前は一つの組織が複数の機能をもっていることになるので、本節ではそれらを単に「機能」と呼んで区別する。

1.6.1 創業期

　少人数の創業期では、多くの企業が単一または少数の意思決定者で運営される。経営者が一人で、または、近しい関係の少人数で構成された組織がその例である。スタートアップや農場、小規模な食料品店等を含む中小企業でよく見

企業目的の設定と達成

意思決定機能
（情報処理機能）
オペレーション機能

外部とのコミュニケーション

**図 1-10　創業期は人数が少ないので、意思決定からオペレーションまでが一体と
なって行われる**

られるケースである。

　この状況では、データと情報処理に関する認識の離齬が起きにくい。なぜなら、意思決定と現場の実行部隊、情報処理を担うプレイヤーがそもそも同一人物であるか、または少人数の組織で緊密に連携しているからである（図1-10）。このような場合、従業員間のコミュニケーションは高密度で頻繁に行われる。

1.6.2　意思決定機能とオペレーション機能の分離

　企業の規模が次第に拡大すると、経営と現場の実行部隊が分離される。ビジネスが成長し業務の量と種類が増えるにつれて、業務を少人数でこなすことが難しくなるため人員を増やすが、一人が指揮・管理できる人数には限界があり、役割を分担することで対応せざるを得ないためである。したがって、経営者は、現場の指揮・管理権限などを現場のマネジャーに移譲するなどして階層構造的なアプローチをとる。この階層構造的なアプローチにおいて、経営者などトップマネジメントだけが意思決定機能を担うのではなく、管理階層ごとに配置されたミドルマネージャー（中間管理職）も意思決定機能の一部を担う。

企業目的の設定と達成

意思決定機能

情報処理機能

オペレーション機能

外部とのコミュニケーション

図1-11　企業規模の拡大によって、意思決定機能とオペレーション機能との距離が次第に遠くなる

Anthony は、管理階層をストラテジック・プランニング、マネジメント・コントロール、オペレーショナル・コントロールの三階層に分けたが、この三階層を基本としながらも、企業の規模が大きくなるにつれて、階層がさらに細かく分かれる（Anthony, 1965）。

　組織のさまざまな単位で意思決定機能とオペレーション機能が分離され、それぞれ経営部門とオペレーション部門が担うようになると、データと情報処理に関する認識のギャップが出現し始める（図1-11）。例えば経営部門は、目的を達成するため、直面する経営上の課題を解決しながら物事を前に進める。しかし、誰と何を話してどのような課題が浮き彫りになったか、考えうる戦略の中でどのような選択肢があったか、なぜそのような戦略を選んだか、といった意思決定の根拠を全て詳細にオペレーション部門に伝える機会が、機能が分離

されることで減少していく。一方で、オペレーションを担う部門は、製造や市場に関する直接的かつ専門的な知識をもつようになる。ただし、業務が想定どおりに進んでいる限りは、いつ、どこで、何が起きたか等、こと細かに経営部門に報告するわけではない。各部門のミッションを達成することが最優先となるので、企業の初期段階では稀であった形式ばったコミュニケーション、すなわちフォーマル・コミュニケーションが次第に多くなってくる。社内ですれ違った社員同士が行う雑談などの何気ないやりとり、すなわちインフォーマル・コミュニケーションであれば汲み取れていたような機微を、経営部門が得られなくなることが頻発する。フォーマル、インフォーマルなどの形態を問わず、コミュニケーションをとることの重要性も難易度も、この段階で著しく上昇する。

1.6.3 情報の規模拡大と情報処理機能の分離

　情報処理についても前項と同様であり、企業が取り扱う情報量が一定水準を越えたときに情報処理の専任組織が必要となる。ビジネスにおける生産活動や製品・サービスの提供に伴って情報処理の規模が拡大するが、意思決定機能とオペレーション機能のいずれか、または、両方においてそれらの情報を処理する情報システムと人員が配置される。製品やサービスを生み出し、提供するスピードとボリュームが増すごとに、そこで生成される情報の量と情報処理を担う人員がおのずと増えることになる。このような背景から情報処理を効率よく行うために、ほとんどの場合において情報システム部門が設立され、情報システムの管理・運営を専門的に担う人員の配置が行われる。

　この段階において意思決定機能とオペレーション機能、そして情報処理機能の分業が明確になり、それぞれの部門に分かれるため、各機能や部門の間に生じていたデータと情報処理に関する認識のギャップが拡大し、コミュニケーションの離齬が生じやすくなる（図1-12）。

　こうして企業組織は三つの機能に別れる。この状態が1.5節で示した三機能モデルである。そして、三つに分かれるとコミュニケーションコストが大きく上昇する。なぜなら、コミュニケーションは多くの場合1対1で行われる[12]ので、三機能の間で起こる1対1のコミュニケーションには必ず誰かが参加でき

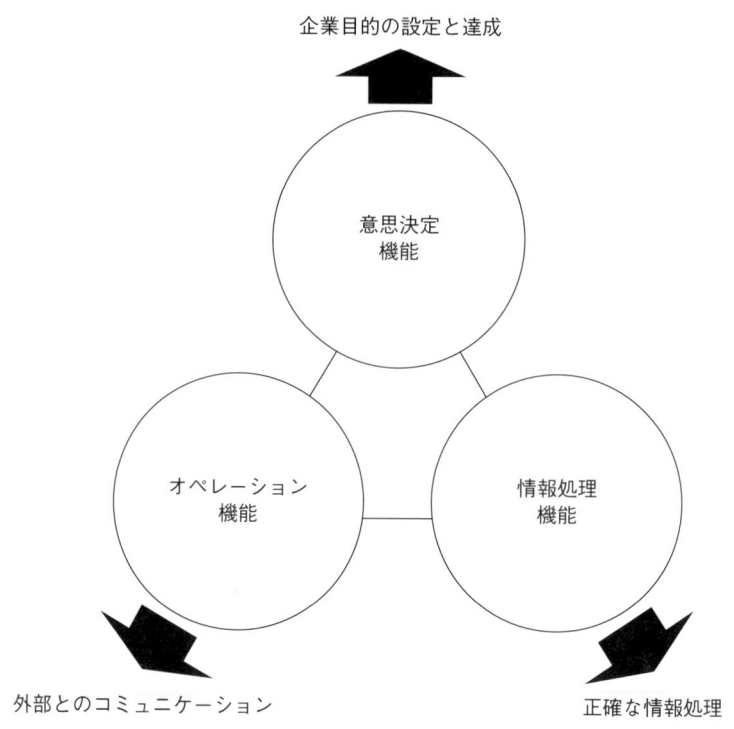

図1-12　情報システムの拡大により、企業が三つの方向に別れる

ず、その意見が即座には反映できない。そのため、調整のために何度も行き来しなければならなくなるからである。

1.6.4 三機能モデルのフラクタル性

　ここで挙げた意思決定機能、オペレーション機能、情報処理機能で形づくられる三角形の三機能モデルは企業組織のさまざまな単位で出現し、図1-13で示したような三角形の部分と全体が自己相似（再帰）になるフラクタル（fractal）を成している。例えば企業全体をみると、意思決定機能は経営部門に、

---

12)　会議などの形式的なコミュニケーションは必ずしも1対1ではないが、その準備段階などでは、やはり1対1のコミュニケーションで合意形成の調整がされていたりする。

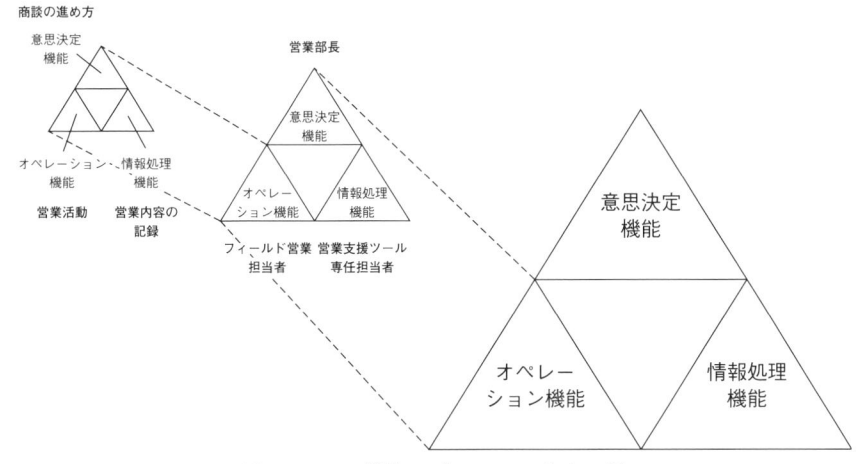

図1-13　三機能モデルのフラクタル性

オペレーション機能は製造や営業などのオペレーション部門に、情報処理機能は情報システム部門にそれぞれ分けられるが、その中の各部門にフォーカスすると、その中で意思決定機能は部門長や部門の企画部署に、オペレーションは各部課に、情報処理は部門内の専任担当者に振り分けられていたりする。つまり、機能ごとに移譲される権限は、経営のトップから各部門へ移譲される単位だけではなく、さらに部門内においてもマネジャーから個別の担当者へ移譲されるものである。

　このフラクタルが企業において成り立つことは、組織理論を研究したバーナードが次のように述べていることからも説明できる。「歴史的にもまた機能的にも、すべての複合組織はいくつかの組織単位から成り立ち、『作業』組織あるいは『基本』組織の多くの単位から構成され、管理組織の単位をその上に重ねてもつということ、および複合組織のもつ重要な構造的特徴は、伝達の必要性が単位組織の規模に及ぼす影響によって決定されるということである」（バーナード，1968）。

　なお、第2章以降でデータエンジニアリングと各部門の連携を説明するにあたって、ズームインとズームアウトを繰り返すと説明が不明瞭となるため、ここでは倍率を固定して議論を進めることとする。そのため、意思決定機能は経

営部門、オペレーション機能はオペレーション部門、情報処理機能は情報システム部門として記述する。ただし、読者は自身の状況と合わせてズームの倍率を変えて読んでいただきたい。

1.6.5 データエンジニアリング機能の登場

権限移譲が進み、機能が分化した組織におけるコミュニケーションにはコストがかかる。データ利活用においてもそれは同じで、データを生成・収集するオペレーション部門、それを加工・蓄積する情報システム部門、そして分析・意思決定する経営部門の三者が組織として分離した状況において、データ利活用のためのコミュニケーションはなかなか進まない。

例えば、経営部門がある商品の売上予測に使用するデータを見たいとき、どこに尋ねればよいか。データ利活用がうまくいっていない企業でよくあるのは、情報システム部門に尋ねると、「テーブルとカラムを指定してくれれば出す」と言われ、オペレーション部門に尋ねると、「入力されているのは知っているけれどテーブル名もカラム名も知らない」と言われることである。さらに、運良くテーブルとカラムを特定できたとしても、その中のデータのコード変換（どの数値が何を示しているかの対応表）について誰も知らずに途方に暮れる場合もある。別の例では、ある商品の販売において、オペレーション部門では情報システム部門が管理する商品マスタにデータを入力しなければならないのだが、入力できない文字があったために適当に似た文字で代替したところ、売上を可視化するシステムで名寄せが失敗し、その商品の売上が反映されなくなってしまったり、逆に二重にカウントされて売上が水増しされてしまったりすることがある。さらに困難なことには、売上の数値が間違っていることに誰も気がつかず、その数値によって経営部門が意思決定をしていたりする。

では、なぜデータ利活用のコミュニケーションが進まないのか。これには二つの理由がある。

一つ目は、このコミュニケーションが三者間で行われているためである。1.6.3項でも述べたように、コミュニケーションは基本的に1対1で行われるため、三者間でのコミュニケーションは1対1を複数回重ねる必要がある。このとき、コミュニケーションをとる二つの部門に対して三つ目の部門はこの中

に入っていない。例えば経営部門と情報システム部門とのコミュニケーションにはオペレーション部門が入っていないので、データの生成機序に関することは議論しにくく、あとで確認するなどの工程が必要になる。同様に、オペレーション部門と情報システム部門とでコミュニケーションが行われているときには経営部門が入っていないので、何の目的でデータの加工を行っているかがわからずに議論している場合がある。二者間コミュニケーションでは必ず残り一つの部門の関与が外れてしまうので、議論がなかなか進まない。では、三者が集まる会議を設定すればよいかというと、それも非効率的で、データ利活用の細かい実務を遂行するために毎回三者間会議を開いていると、それだけで時間を浪費してしまう。

　二つ目は、データ利活用のコミュニケーションによって背負わなければならない責任が各部門のミッションとずれているからである。つまり、データ利活用のためにコミュニケーションコストを支払うことが、その部門にとって望まれていない、もしくは、最優先事項ではないために、誰もそのコストを引き受けてまでコミュニケーションをとろうとは思わなくなっているのである。1.4節および1.5節で見たように、経営部門、オペレーション部門、そして情報システム部門におけるビジネス上のミッションとデータ利活用における役割には乖離があり、各部門のデータ利活用は多くのケースでまさにこの構図に陥っており、データ利活用に関するコミュニケーションは各部門で「重要視されないコミュニケーション」「余計なコミュニケーション」の扱いをされてしまうのである。

　すると、どのようなことが起こるかというと、二者間コミュニケーションに参加していない部門に責任を負わせること、つまり、たらい回しが発生する。例えば、データ利活用を推進しなければならないという名目の下で経営部門と情報システム部門とがコミュニケーションをする際、オペレーション部門は参加していないので、その視点が欠落し、わからないところは後回しにして意思決定される。参加する二部門は、データ利活用とは別にそれぞれ自分達のビジネス上のミッションがあり、それを遂行することは自身の評価につながるものの、データ利活用は自身のビジネス上のミッションではないので、データ利活用には積極的にはなりにくく、できれば責任を負いたくない。よって、オペレーション部門不在の会議では、オペレーション部門に具体的な責任やタスク

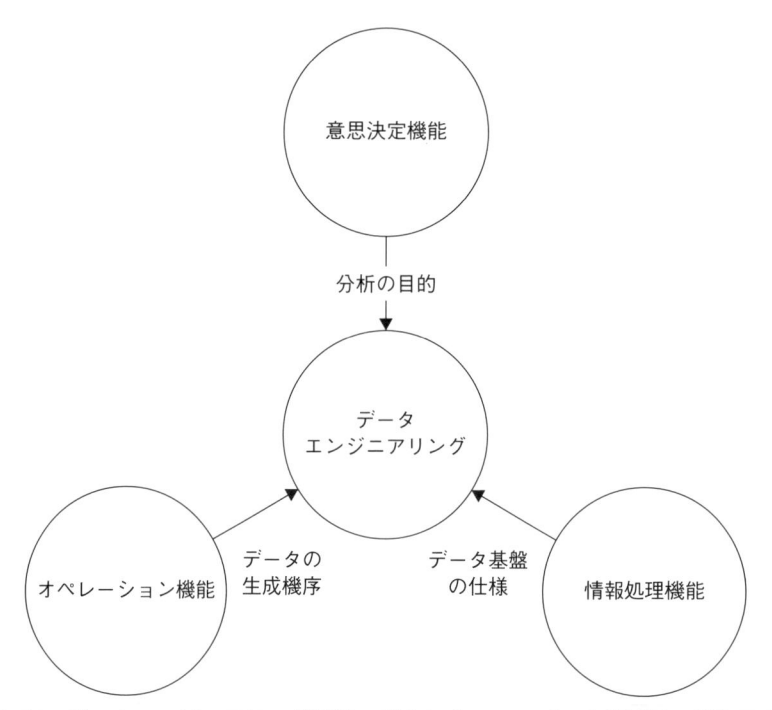

図 1-14　データエンジニアリング組織の導入によって、データ利活用の機能不全を解決する

を負わせ、参加している部門は傍観者でいられるような決定になりがちである。もちろん、そうならない組織も存在するし、そうなったとしても意図的かどうかは企業風土や個人の考え方にもよるのだが、組織に所属するメンバーはその組織の評価軸によって間接的に支配されていることを意識する必要があり、組織の評価軸からずれている責任を個人に背負わせることで成り立つコミュニケーションは持続可能ではない。

　つまり、データ利活用の責任を負う四番目の組織が必要である。労力のかかる部門間コミュニケーションを集約、一本化して情報の交通整理を行い、データ利活用を推進することを自身のビジネス上のミッションとする組織を立ち上げれば、この問題を解決することができる。本書では、この機能を「データエンジニアリング」と定義し、それを担う組織を「データエンジニアリング組織」、またその担当者を「データエンジニア」と定義する（図 1-14）。第 2 章では、こ

のデータエンジニアリング組織に求められている機能を既存組織におけるデータ利活用上の問題点から紐解き、データエンジニアリング組織は具体的に何をするのか、何に責任をもち、どのようなコミュニケーションをとるのかを考える。

1.7 本章のまとめ

第1章では「データ利活用」を紐解き、企業においてデータ利活用がうまくいかない理由を、「データ利活用」という言葉の定義の曖昧さとデータ利活用に関係する組織の課題として捉えた。「データ利活用」という言葉が生まれた背景には、ビッグデータ時代の到来によってデータのリアリティが薄れてしまったことと、企業組織の拡大によるコミュニケーションコストの増大がある。これらによって、従来は一対であったデータと課題との距離が遠のいてしまい、その結果、活用できていないデータを活用したい、存在するかどうかわからないデータを活用したいという漠然とした要望が大きくなってきた。これが「データ利活用」の姿であった。

そこで、データ利活用に求められていることを既存の企業組織のモデルおよび組織拡大の時間軸の中で捉え直し、データ利活用にあたって各組織にどのような行動が求められているのか、何がデータ利活用の阻害要因なのかを観察した。企業組織を経営部門、オペレーション部門、情報システム部門の「三機能モデル」として捉えたとき、各部門が抱えるビジネス上のミッションと、データ利活用において必要な活動との間にずれがあり、各部門はデータ利活用のために時間やコストを割くことが求められておらず、また評価の対象にもなっていないことが、データ利活用が進まない要因である。

そこで本章の最後に、「データエンジニアリング組織」およびそこで働く「データエンジニア」を定義した。この組織および人材はデータ利活用を主たるビジネス上のミッションとして掲げており、三機能モデルにおける各部門がとりこぼしたデータ利活用に関するさまざまな行動を肩代わりし、責任をもって実行する第四の部隊である。

次章では、この「データエンジニアリング組織」および「データエンジニア」について深掘りする。

第2章 データエンジニアリング組織の存在意義と役割

　第1章では、まずデータとコミュニケーションに関する基本的な概念およびその重要性を記した。次に、ビジネスにおいてデータ利活用を行う主体は、経営部門、オペレーション部門、情報システム部門であることを提示し、それぞれの役割を述べた。そして最後に、機能の分化と権限移譲が進む組織において、コミュニケーションが複雑化していく過程とその影響を解説し、データエンジニアリングが必要となる背景を示した。

　本章では、第1章の最後に提示したデータエンジニアリングの必要性をさらに詳しく記す。データ利活用をめぐる企業の課題へのデータエンジニアリング組織の関わり方と、課題解決においてデータエンジニアリング組織が実際にどのように貢献できるかを、この組織がもつべき行動指針と合わせて説明する。

2.1 データ利活用をめぐる企業の課題

　既存組織においてデータ利活用がうまく進まない理由は、1.6.5項で見たように、データ利活用におけるコミュニケーションが三者間コミュニケーションとなってしまっているために非効率であること、および、三機能モデルにおける経営部門、オペレーション部門、情報システム部門（以下、三部門とする）において、それぞれのビジネス上のミッションとデータ利活用上の役割とがずれていることで、これら三部門がデータ利活用に主体的に取り組みにくいことにあった。このコミュニケーションにおける二つの課題を、今度はデータ利活用を推進するという目的の下で整理しよう。

　データ利活用において部門間コミュニケーションをしなければならないのは、その部門しか知らない視点があるからである。1.5節で述べたように、各部門はそれぞれ独自のデータ利活用において提供する知識をもっており、これ

を共有することがデータ利活用に不可欠である。よって、そこに障害となるのはこのコミュニケーションにおけるノイズであり、ノイズ源は部門間での共通認識の構築が不十分であることに端を発する。つまり、データ利活用に関する部門間の認識のずれが、一つ目の課題である。

また、データ利活用にはスピードが求められる。DIKAR モデルで示したように、ビジネスにおけるデータ利活用の目的は意思決定から行動を起こすことなので、利害調整や作業分担などで時間を浪費しているとすぐに機会損失につながる。コミュニケーションが非効率ではスピードが出ないし、責任をたらい回しにしていては結論がでない。しかし一方で、拙速にすぎると間違った意思決定をしてしまう。特に、組織が最適化を追求するとリスク許容度が下がり、少しのミスも許されない雰囲気ができあがってしまうのだが、リスク低減には時間がかかるので、スピードと正確性の両方を追求することは難しい。そのため、スピードと正確性の両方を満たすことに固執しすぎると、データ利活用が進まなくなってしまう。これが二つ目の課題である。

さらに、三部門のコミュニケーションにおいてデータ利活用における役割がそれぞれのビジネス上のミッションとずれている点に注目すると、データ利活用において実施したくてもできない業務、実施したくない業務、自らの責任とは思えない業務が発生してしまう。よって、このような責任範囲が曖昧な業務への不十分な対応もデータ利活用を推進する上での課題となる。

これらの三つの課題：

- データ利活用に関する部門間の認識のずれ
- スピードと正確性の両方を満たすことへの固執
- 責任範囲が曖昧な業務への不十分な対応

について、以下で詳しく状況を観察してみよう。

2.1.1 データ利活用に関する部門間の認識のずれ

データ利活用は、三部門がそれぞれの機能と役割を果たすことで実現するものである。1.5 節では、これら三部門のデータ利活用における役割を、経営部

門は意思決定を行うためにデータを分析し解釈すること、オペレーション部門はデータの収集・生成を実現するために事象を観測し記録すること、情報システム部門はデータの加工・蓄積のためにデータ基盤を構築し運用することと述べた。

また、三部門がそれぞれの役割を果たすためには、他の部門がもつデータ利活用における視点を獲得し、データ利活用について共通認識をもつ必要があることも説明した。例えば、経営部門が行うデータ分析は、対象とするデータが生成されたメカニズムやデータの加工・蓄積方法によって影響を受ける。オペレーション部門が事象を観測しデータを生成するきっかけは、分析の目的から見出されるべきであり、また、観測した事象をデータとして記録する方法はデータ基盤の仕様に影響される。情報システム部門が構築するデータ基盤は、分析の目的をもつ経営部門やデータ生成を担うオペレーション部門から聞き取られた要件や要望をもとに、設計または改修される。

しかし、データ利活用に関わる共通認識を三部門が保ち続けることは難しい。時間の経過とともにそれぞれの認識にずれが生じ、そのずれは次第に大きくなっていく（1.6.3 項参照）。その理由は、企業を取り巻くビジネスの環境が常に変化し、そのビジネスが背景となって生成されるデータも、もちうる意味が常に変化するからである。一度共有した認識であっても、ビジネスやデータの変化に応じて、その都度認識を修正する必要が出てくる。加えて、三部門はそれぞれのビジネス上のミッションを遂行することを優先するため、データ利活用に関する知識を共有するためのコミュニケーションに十分な時間を割くことができない。これらの要因が、共通認識をもち続けることを困難にしている。

そして、認識のずれがデータ利活用の失敗の原因となる。例えば、分析に用いるデータが生成された背景やそのデータがもつ特性を考慮せずに間違った形で分析を行えば、そこから導き出される意思決定は正確性を損なうだろう。また、分析の目的を十分に理解せずに、データ生成やデータ基盤の構築を行えば、頻繁な修正やつくり直しが必要となる可能性がある。

このような状況を改善するために、三部門がもつデータ利活用上の視点や利害を理解し、データ利活用に関わるコミュニケーションの中心となって積極的

に共通認識を構築する組織が必要となる。三部門にとってデータ利活用に関わるコミュニケーションに十分な時間を割くことが難しいのであれば、そのコミュニケーションに責任をもつ組織を設けることが有効な対応策の一つとなる。

2.1.2 スピードと正確性の両方を満たすことへの固執

現代において、ビジネス環境は目まぐるしく変化し、意思決定とそれを支えるデータ利活用にはスピードと正確性が求められる。テクノロジーの発展により、これまでにないペースで新たな商品やサービス、ビジネスモデルが生み出され、同時に消費者のニーズも多様化している。企業には、このようなビジネス環境が変化するスピードとさまざまな要素が複雑に絡みあった状況に対応することが求められている。データ利活用の目的は、ビジネス課題の解決と新たな価値の提供にある。しかし、その課題の根源は急速な環境変化と複雑な状況にあり、新たな価値を提供し続ける理由はニーズの多様化に対応するためである。

企業はデータ利活用を通じて、急速な環境変化に対応できる意思決定のスピードと正確性を得ようとするが、両方を同時に追求することは難しい。意思決定のスピードとは、目的の達成のために解決すべき課題を特定し、複数の選択肢から最善のものを導き出す速さを指す。一方、意思決定の正確性は、意思決定に必要な情報を正確に得ることと、その意思決定がもたらす結果の予測が正確であることを意味する。スピードと正確性はトレードオフの関係にあり、片方に注力すると、片方が損なわれる可能性がある。

多くの企業はデータ利活用への期待が大きすぎるあまり、困難が多いにもかかわらず、スピードと正確性の両方を満たすことに固執してしまう。データ利活用の業務を実際に担う人であれば経験があるだろうが、例えばリスクや工数をちゃんと見積もれずに短い締め切りを設定されながらも、一切間違いのないデータを要求されたときは困惑してしまうものである。スピードと正確性のトレードオフを無視した要求が続けば、データ提供の担い手は疲弊するだろう。データの正確性を重視するのであれば、それ相応の時間と労力をかけるべきであり、逆に、データ提供にスピードを要求するならば、正確性が低下するリス

クの許容範囲をデータ提供依頼時に定めて、データ提供者が計測したリスクを受け入れた上で提供されたデータを利活用すべきである。

　ここまで論じてきたように、意思決定のスピードと正確性を両立することは容易ではない。そのため、この二要素の均衡を保つための方策が必要となる。本書では、一方に注力した場合に、もう一方のリスクを適切に補うことを、「均衡を保つ」と言うことにする。つまり、意思決定のスピードと正確性の均衡を保つことは、両方を高水準で満たすことではなく、トレードオフの関係を理解した上で、どのようなバランスで追及するのかを決定することである。したがって、データ利活用を推進するためには、その過程で生じるリスクを評価し、許容することも含めて管理できる組織が必要となる。

2.1.3　責任範囲が曖昧な業務への不十分な対応

　データ利活用において三部門が果たすべき機能を三機能モデルで定義したが、それぞれの機能を業務単位で分けた場合、データ利活用に関わる各部門の責任範囲を明確に線引きすることは困難である。それぞれの機能の分類は必ずしも相互排他的なものではなく、また、明確な範囲があるわけでもない。その結果、各部門の責任が重なるところに生じる業務や、責任が及ばないところに位置づけられるような業務、そもそも手順や成果物を定められない業務が存在することになる。例えば、データの品質管理について考えてみよう。この責任は、データを収集・生成するオペレーション部門の役割なのか、そのデータを加工・蓄積する情報システム部門の役割なのか、分析の目的を定めて意思決定を行う経営部門の役割なのかは状況によって異なる。そのため、どの部門が担うべきかを一概に断言することは難しい。

　業務の責任範囲が曖昧であると、その業務への対応が不十分になってしまうという問題が生じる。責任が重複する業務では、部門間で押し付け合いが起こり、利害調整が必要になるため、担当部門の決定に時間がかかってしまう。担当部門が決定されるまでは、適切な対応がなされない可能性が高い。また、いずれの部門の責任範囲にも収まらない業務、あるいは手順や成果物を定められない業務に関しても同様である。対応が先延ばしになったり、不適切な方法や応急処置のような方法で粗雑な対応をされたり、いつまでも放置されたりす

る。これらの問題は、データ利活用の進展を妨げる要因となる。

この課題に対する解決策として、責任範囲が曖昧な業務への対応を引き受ける専門の組織を設置することが必要となる。三部門が責任範囲の曖昧な業務について話し合う時間や、その業務の遂行に必要な技術を持ち合わせていないことも多い。そのため、このような専門組織を導入することで、責任範囲が曖昧な業務への対応を改善し、データ利活用の効率と効果を高められる。

2.2 データエンジニアリング組織がもたらす変化

本書では、データ利活用における課題の解決策としてデータエンジニアリング組織の導入を提案する。データエンジニアリング組織の機能は、

- データ利活用における共通認識を構築すること
- スピードと正確性の均衡を保つこと
- データ利活用の役割を補完すること

である。これらの機能は 2.1 節で述べたデータ利活用をめぐる企業の課題に対処するための手立てとなっている。本節では、それぞれのミッションを達成するために、データエンジニアリング組織が実際にどのような役割を担うかを説明する。

2.2.1 データ利活用における共通認識の構築

データエンジニアリング組織は、データ利活用に関する共通認識を構築するために、効率的なコミュニケーション方法を確立し、その進行に責任をもつ。例えば、三部門が任意に直接話し合うような形でコミュニケーションがなされている場合、話し合いに参加していない部門の視点が見落とされたり、利害調整に過大な時間を費やしたりする問題がある。これらの課題に対処するため、データエンジニアリング組織はまず、コミュニケーションを一本化し、三部門の視点をはじめ、データ利活用に欠かせない情報を集約する。そして、三部門の利害調整にあたっては、三部門が獲得すべき視点を補いながら話し合いを進め、このサイクルを繰り返して共通認識を構築する。

　以下では、データエンジニアリング組織がデータ利活用において関係者全員の共通認識を構築するために行う具体的な行動として、コミュニケーションの一本化、データ利活用に必要な視点の獲得、および部門間の利害調整を挙げ、説明する。

(1)　コミュニケーションを一本化する

　企業におけるコミュニケーションはあらゆる階層や単位で行われるので、共通認識をもつためには情報共有や利害調整に時間と労力がかかる。当事者となる部門同士の直接的な話し合いだけで済むケースは稀であり、実際には話し合いの前後に他部門に伝えたい事柄を正確に確実に伝えるためのさまざまな準備[1]を行う。そして、会議の後には追加された情報や決定事項を文書にまとめて周知する。情報共有や利害調整にはこのような前後の工程が不可欠である。デジタル化が進み、会議中の発言が音声入力で自動的に記録されるようなツールも出てきているが、発言の記録を議事録に仕立てる役目は、いまだ機械に任せられるレベルには至っていない[2]。その一方で、インターネットを通じて遠隔で会議をすることが増え、物理的な移動が減ったことで、間断なく連続して会議に参加するような人も増えている。このような背景からも、コミュニケーション自体が日増しに負担の大きいものとなっていることは想像に容易いだろう。

　しかし、部門同士が頻繁に話し合えばデータ利活用が必ずしも良い方向に進むか、というとそうではない。部門同士が話し合うことに時間を費やすばかりで、労力を割けないからといって情報や利害をその都度整理しなければ、むしろ認識離齬が生じやすくなり、データ利活用がうまくいかない原因となる。Ackoff は、「情報を頻繁に提供することが逆に相手の過敏な行動を誘発し合い、結果的に組織全体の成果を損なうことにつながることもあると指摘している。こうしたことは、それぞれの部門の成果測定基準が異なるような場合に起

---

[1]　この作業は、「根回し」と呼ばれることが多い。

[2]　2023 年以降、ChatGPT などの大規模言語モデルは文章の要約や議事録の作成を高精度で担当できるようになってきたので、うまく使いこなせばコストが下げられる可能性が出てきた。

こりうる。」と指摘した（Ackoff, 1967，翻訳・要約は宮川 他，2014）。データ利活用で三部門がそれぞれ担う機能は成果測定基準が異なるため、他の部門が最優先すべき事項を自分ごととして捉えることは必ずしも容易ではなく、また要点をおさえることが難しい。例えば、情報システム部門が経営部門からデータを要求された場合、経営部門がどのような目的でデータを必要としているか、必要としているデータにどのような正確性を求めているのか、データのフォーマットはどのようにしておくべきかといった要点を経営部門がもつ成果測定基準を整理・理解せずに把握しきることは難しい。

　データ利活用に関するものに限っては、並行して行われているコミュニケーションを集約して整理する役割、すなわち 1.6.5 項で述べたコミュニケーションの一本化をデータエンジニアリング組織が担うことが望ましい。コミュニケーションを一本化することで、各部門がコミュニケーションにかける時間と労力が削減される。その時間と労力は、各部門が本来もっているビジネス上のミッションやデータ利活用の機能を果たすことに還元できる。また、データ利活用に関しては、データエンジニアリング組織から他の部門がもつ意見や情報を整理された状態で聞き出すことができ、考慮すべきことを見落とすリスクを抑えることができる。コミュニケーションの一本化は、時間や労力の削減をしつつ、認識離齬や見落としのリスクを抑制することに寄与する。

（2）データ利活用に必要な視点を持ち合わせる

　経営部門、オペレーション部門、情報システム部門の三部門はデータ利活用において、互いの視点を取り入れてそれぞれの機能を果たす。そのため、データ利活用における共通認識のうち、最も重要なものは、三部門がそれぞれにもつ視点である。経営部門がデータ分析・意思決定をするときには、単にデータを読み解くだけでなく、その背後にある意味を理解し、また、どのようにそのデータが得られたのかというプロセスを念頭に置く。そのため、データ分析において、オペレーション部門から得られるデータの生成機序、そして情報システム部門から得られるデータ基盤の仕様に関わる情報が経営部門にとって欠かせないものとなる。オペレーション部門は、生成したデータを他の部門が取り扱うことも想定して、事象の観測・記録を正確かつ効率的に行う必要が

ある。具体的には、データ分析をはじめとして、データ利活用の目的と方法を念頭に置き、どのようなデータを記録するべきか、どのような形式でデータを管理するべきかを検討する必要がある。そのため、事象を観測・記録する過程において、経営部門から伝えられる分析の目的そして情報システム部門から得られるデータ基盤の仕様に関わる情報がオペレーション部門にとって欠かせないものである。情報システム部門は、データの加工・蓄積を行う上で、どのデータをどのように使うかというビジネスの視点を必要とする。データの生成機序を理解し、データの性質に合わせてデータの加工・蓄積を行えるように、また、分析の目的を理解し、それを技術的な解決策に転換できるように、情報システム部門はオペレーション部門および経営部門の視点を取り入れるべきである。

しかし、三部門それぞれが他の部門の視点を積極的に理解しようとすることが難しい場合がある。このことは、三部門がビジネス上で遂行すべきミッションがそれぞれ異なることに起因する。三部門は従来課されているビジネス上のミッションの遂行を優先するため、データ利活用に関わるコミュニケーションは二の次となり、疎かになることも多い。そのような経緯から他部門から得るべき視点が更新されず、データ利活用に関わる認識が合わなくなっていくのである。

コミュニケーションを一本化することに成功したデータエンジニアリング組織は、データ利活用に必要な視点を十分に持ち合わせる。例えば、経営部門がデータを分析しようと考えるとき、オペレーション部門と情報システム部門の代表者を集めて直々に情報の共有を依頼する必要がなくなる。データエンジニアリング組織とコミュニケーションをとるだけで、データの生成機序とデータ基盤の仕様を情報として受け取り理解できるのである。分析や意思決定の過程や根拠を経営部門がデータエンジニアリング組織に説明したときに、データエンジニアリング組織がオペレーション部門と情報システム部門の視点に照らして違和感を覚えれば、その違和感をすぐに経営部門に伝えるので、経営部門は分析や意思決定に必要な修正を早いうちに加えることができる。この例のように、データエンジニアリング組織は一本化したコミュニケーションの中でそれぞれの視点を集約し、視点をデータ利活用に適用できる形に再構築すること、

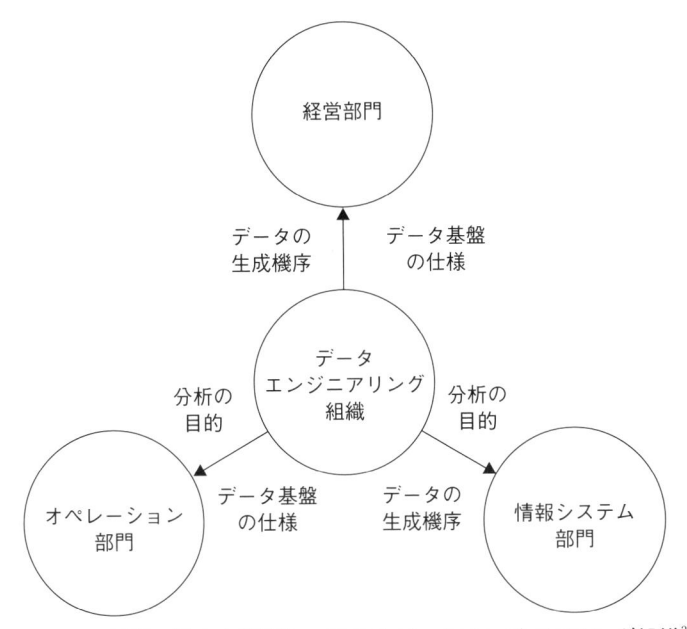

図 2-1　三部門の視点を獲得し、伝えるデータエンジニアリング組織[3]

また情報として他部門に提供し他部門が自身の視点として獲得できるように情報共有することを担うこととなる（図 2-1）。

データエンジニアリング組織はただの伝令役ではない

　データエンジニアリング組織が発揮すべき最も重要なスキルは、コミュニケーションスキルである。データエンジニアリング組織が中心となってデータ利活用の課題に対処していく上では、情報処理に関連するハードスキルも欠かせないが、データ利活用の課題はコミュニケーションが不十分になされないために生じることが多いからである。また、データエンジニアリング組織の役割には、知識を補うことや業務を補うことが含まれるが、全てコミュニケーションの上

3）　図 1-14 とは、矢印の向きが逆であることに注意。

で成り立っている。

　本書を通して、伝令ではなくコミュニケーションの重要性を説いているのには、理由がある。データエンジニアリング組織は、ある部門の発言を別の部門にそのまま伝えることはしないからである。ある部門から別の部門に情報を伝えるときには、必ずデータエンジニアの解釈を入れることになる。

　なぜ、データエンジニアが自身の解釈を入れる必要があるのか。それは、データエンジニアが他の部門の視点を獲得して、利害を背負うからであり、共通する意見、相反する意見を把握して、データ利活用上で有用なものとそうでないものを判断できるからである。繰り返すが、データエンジニアは、何も考えずに情報を中継するのではない。経営部門とオペレーション部門、情報システム部門がデータを用いて、組織の成果を上げていくために、最善を尽くすので、必然的にあらゆる場面に応じて自分自身で考えるということが必要となる。

　考えるために必要なことは何か。「考えるという作業は、まず対象と素直に向き合うこと、目の前の現象を歪みのない目で見ることから始まるのです」（中西，2007）との指摘からもわかるように、「素直さ」と「歪みのない目」が必要なのである。担うビジネス上のミッションがデータ利活用そのものであり、各部門のミッションのいずれにも偏らないデータエンジニアリング組織だからこそ、真の意味で「考える」ことができる。データ利活用の文脈に置き換えるならば、データとコミュニケーションを通して情報を獲得しつつ、目の前の課題と向き合うことができるのである。

（3）部門間の利害を調整する

　経営部門・オペレーション部門・情報システム部門がそれぞれデータ利活用で担う機能を独自に進めている場合、互いの実情を詳細に把握するには大きなコストがかかる。そのため、各部門は、他の部門が各自の持ち場で難なく業務を遂行しているだろうという憶測や期待で、自分の果たすべき機能に集中する。例えば、経営部門は、データ利活用で担う機能であるデータの収集・生成とデータの加工・蓄積のそれぞれを、オペレーション部門と情報システム部門が問題なくこなしているだろう、と期待しながら分析・意思決定に集中する。

　しかし、経営部門は他の部門の状況を詳細に把握し、理解し、サポートするために必要な情報を常に持ち合わせているわけではない。その情報を持ち合わせていなければ、経営部門が他の部門に抱く期待もそれぞれの部門の実情に見

合う形へと変えることができない。オペレーション部門から見た他の部門、情報システム部門から見た他の部門、といった形で主体を変えても同じことがいえる。

ここで、データエンジニアリング組織が期待の調整や落としどころの検討など、利害調整を担う立場として三部門の間に入る。データエンジニアリング組織は、コミュニケーションの一本化を担うが、コミュニケーションとは本質的には相手の立場に立つことをスタートとし、こちらの意図した行動を相手にとってもらうことをゴールとするものである。データエンジニアリング組織が担うコミュニケーションでは、三部門が互いに抱く期待を調整することや三部門の利害が一致するような落としどころを見つけること、三部門が納得した状態でそれぞれの役割を遂行し、データ利活用という取り組みにおいて協働の土台をつくること、といった具合でゴールを置き換えて考えることができる。例えば、データ利活用に関して、経営部門からオペレーション部門と情報システム部門へ依頼することがあれば、データエンジニアリング組織が一度受け止め、その依頼がオペレーション部門と情報システム部門が担当すべきことなのか、遂行できることなのかを勘案し、必要があれば経営部門に戻して依頼を再検討してもらう。データエンジニアリング組織は、このようなコミュニケーションを通じて利害調整を行う。

ところで、Mintzberg は組織における分担の調整メカニズムを三つに分類している。一つ目に当事者同士で行う相互調整、二つ目に当事者の間に管理者を置き、その人物に調整の責任を負わせる直接の管理、三つ目に業務遂行に必要な要素をあらかじめ定める標準化を挙げている（図2-2）。標準化は、プロセスの標準化、アウトプットの標準化、スキル（インプット）の標準化に細かく分類される（Mintzberg, 1979, 宮川 他, 2014）。データエンジニアリング組織が部門間の利害を調整することは、三つ目の標準化の管理に相当し、図2-2においてはデータエンジニアリング組織が、標準化を担う（c）Aのポジションを担う。これは、データエンジニアリング組織がデータ利活用に介入し、標準化の役割を担うことで、その他の利害関係者（三部門）は調整済み＝標準化済みの場面だけを考えれば十分だということを示す。

本書は、データエンジニアリング組織が利害調整において標準化を優先する

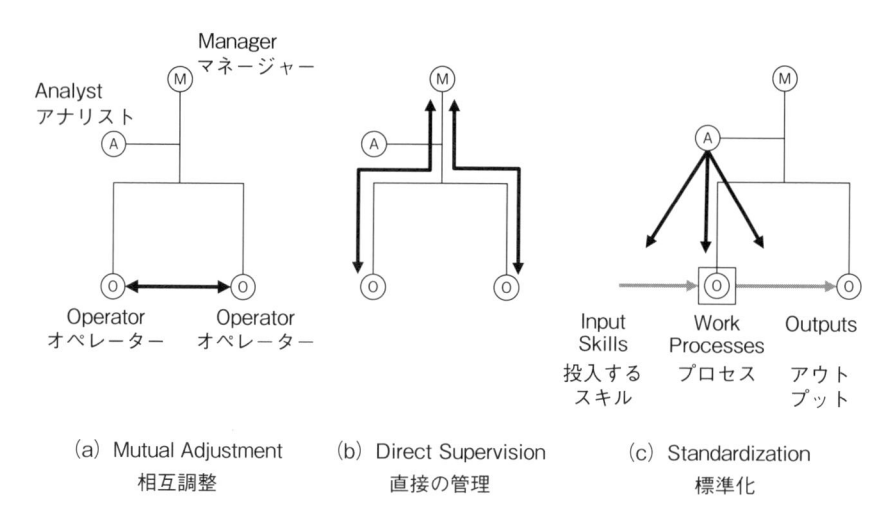

(a) Mutual Adjustment　　(b) Direct Supervision　　(c) Standardization
　　　相互調整　　　　　　　　　直接の管理　　　　　　　　標準化

図 2-2　分担の調整メカニズム（Mintzberg, 1979）

立場をとる。確かにデータ利活用において、当事者となる部門同士が相互調整を促すことが有効な場合もある。しかし、データエンジニアリング組織が利害調整を担うことの目的は、コミュニケーションの一本化の目的にも通ずるように、コミュニケーションの時間や労力を削減すること、考慮されるべき視点が見落とされるリスクを抑制することにある。これは当事者同士の相互調整では実現が難しいことである。

2.2.2　スピードと正確性の均衡

　データエンジニアリング組織は、意思決定のスピード向上を優先しながらも、正確性が低下するリスクを補うことで、スピードと正確性の均衡を保つ。ビジネス環境が絶えず変化するなかで、スピードと正確性の均衡を保つためには、データとビジネスを観察し、対応すべき変化をすばやく捉えて、リスクに備える必要がある。

　以下では、スピードと正確性の均衡をとるためにデータエンジニアリング組織が行う具体的な行動として、意思決定のスピード向上、正確性低下のリスク補完、データとビジネスの継続的な観察を挙げる。

(1) 意思決定のスピードを向上させる

　データエンジニアリング組織は、意思決定のスピード向上を優先する立場をとる。これは、変化のスピードが著しい現代のビジネス環境に対応するためである。意思決定が遅れると、現場の対応にも遅れが生じるという事実から考えても、意思決定のスピードを優先すべきである。オペレーションと情報処理の現場における対応は意思決定の後に続くものであり、意思決定のスピードが遅くなれば、オペレーションと情報処理の対応も遅れる。

　しかし、ここで注意すべきは、意思決定のスピードを向上させることは、必ずしも行動を実行するまでの時間を短くすることではない点である。ミンツバーグは「重要なのは、どういうときに、手遅れになるリスクを覚悟の上で行動することを待ち、どういうときに、想定外の結果に見舞われるリスクがともなっても迅速に行動すべきかを見極めることだ」と主張した（ミンツバーグ, 2014）。つまり、すぐに行動をとるか、とらないかという意思決定を早く下せるようになることが、意思決定のスピード向上の意図しているところである。

　意思決定はデータから得られる情報や知識をもとに、考えうる選択肢のリスクとリターンを予測し、最善の選択肢を選び出す過程であるが、そのリスクとリターンの予測には不確実性が含まれる。これは、意思決定をもとに行動をとった結果が完全には予測できるものではないことを意味する。不確実性を含むからといって、正確性が著しく低い意思決定を繰り返すことが許容されることはないが、いずれにしても完璧な予測を経営部門に求めることは難しい。意思決定は、リスクを分析・評価し、許容範囲を定めた上で、リターンを得るために決断を実行に移すこと、つまり、不確実性の前提があることが基本である。

　データエンジニアリング組織が、意思決定のスピード向上を実現するための第一歩は、経営部門にデータと他部門の視点をより早く提供し、経営部門がリスクとリターンをすぐに予測できることに貢献することである。経営者は、状況を解釈し、予測するためのデータや情報、知識、他部門の視点をもちさえすれば、それらをもとに意思決定を行うことができる。たとえ、意思決定をもとに実行された行動の結果が想定外の結果であったとしても、試行錯誤を重ねることで、状況が改善する方向へと進むことができる。

（2）正確性が低下するリスクを補う

　データエンジニアリング組織は意思決定のスピードを保つことを優先すべきであるが、正確性をないがしろにして良いわけではない。リスクを鑑みない意思決定や行動は無謀に等しく、企業や部門にそのような傾向があれば、コミュニケーションの一本化を担う観点から、データエンジニアリング組織がその傾向を是正することに寄与すべきである。

　意思決定のスピードを優先することによって正確性が下がるリスクを前もって評価し、事前に対策を講じておくことがデータエンジニアリング組織に求められる。『オックスフォード現代英英辞典（第 10 版）』（オックスフォード大学出版局，2020）は、リスク評価を「企業が従業員や一般市民の安全責任を負う文脈において、潜在的なリスクを特定し、それらが発生する可能性を計算し、どのような影響を及ぼすかを推定する行為である（筆者訳）」と定義している。すなわち意思決定のスピードを優先し、正確性が下がるとどれくらいのリスクが生じるか、生じたリスクに対してどのような対策が講じられるかを経営部門に伝えることがデータエンジニアリング組織の役割に含まれる。例えば、経営部門からデータ提供を求められたデータエンジニアは、意思決定のスピードに貢献するため、いかにすばやくデータを提供できるかを考えてデータの準備を行う。そして、経営部門にデータを提供する際に、提供するデータがどの程度正確であるか、データに不備があった場合にどのような対策をとるかをあらかじめ伝えるのである。

　しかし、どうしてもリスクを評価することが難しい場合もある。その場合は、課題を小分けにして働きかける対象を絞り、逐次確認しながら進めることが有効である。例えば、データエンジニアが経営部門へのデータを提供する際、求められているデータの完成形を一度のやりとりで提供することにはリスクが伴う。やり直しがきかないとなれば慎重につくらざるを得ず、スピードが遅くなってしまうし、そのように時間をかけてつくったデータが依頼者の想定していたものと乖離していた場合には手戻りが大きくなってしまう。まずは、レコード数やカラム数を絞ったサンプルデータを作成したり、大雑把な集計値を算出したりしながら、分析の目的に適したデータになっているか、数値に違和感がないかどうかなどを逐次依頼者に確認して完成形を目指せばよい。そし

て、このようなリスクコントロールに必要なのが依頼者とデータエンジニアとの間の緊密なコミュニケーションであり、双方が相手のことをよく知り、いつでも連絡したり相談したりできるような関係を日頃から構築しておくことが重要になる。

(3) データとビジネスを観察し続ける

データとビジネスは絶えず変化する。そのため、データエンジニアリング組織には、データやビジネスの変化をいち早く察知し、適切に対応することが求められる。

データエンジニアリング組織は、日頃の集計・可視化を通じてデータの変化をモニタリングし、三部門とのコミュニケーションを通じてビジネスの変化を捉える。システムを構築して変化を検知することには限界があり、三部門の知識を組み合わせてデータやビジネスを観察する必要がある。データエンジニアリング組織は、普段から三部門とのコミュニケーションを行い、さまざまな角度でデータとビジネスの両方に触れるため、観察力を養い、その力を発揮できる組織である（図2-3）。

意思決定やデータ利活用に影響を及ぼす可能性のある変化には、見た目でわかるもの、データの集計・可視化を経て発見できるもの、コミュニケーションを通して判明するものがある。見た目でわかる変化とは、データ構造や表記方法の変更または文字表記の間違いや表記揺れなどを指す。データの集計・可視化を経て発見される変化とは、平均や合計の変化、入力された数値が示す異常値などを指す。コミュニケーションを通してはじめてわかる変化とは、データが生成された背景や目的、状況や環境など、主にデータの生成機序を指す。

データエンジニアリング組織はデータやビジネスの変化を察知するだけではなく、対応すべき変化を見分けることも求められる。察知したデータの変化に対して、データがビジネスの変化を忠実に描画できているからこそ生じる妥当な変化なのか、もしくは観測や記録方法の不備が招いた変化なのかを見分ける必要がある。前者は経営部門の分析により何らかの示唆に変換されるが、後者はデータそのものへの対応が必要となる。また、変化が同時に多数発見された場合には、分析に対して影響の大きい変化を優先し、ある程度対応の遅れが許

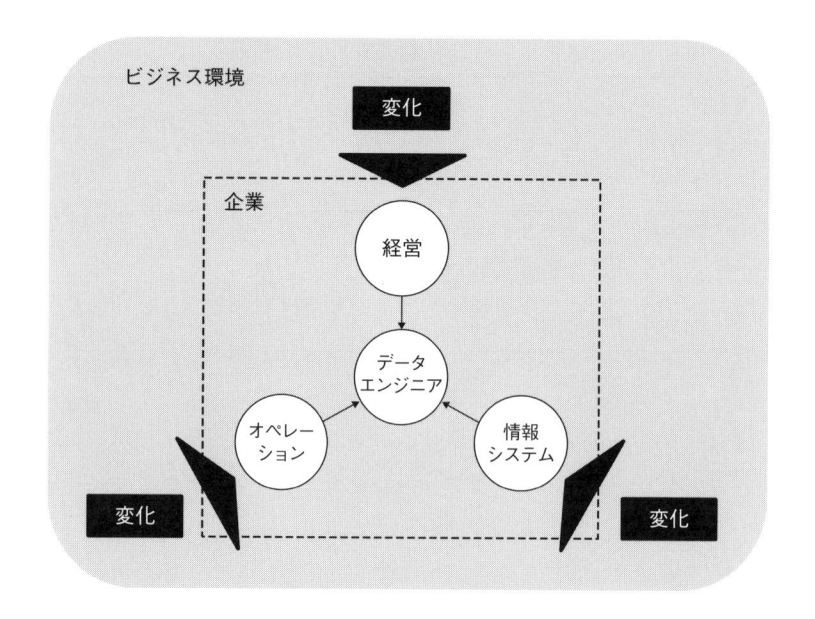

経営部門に関わる変化を起点とした場合

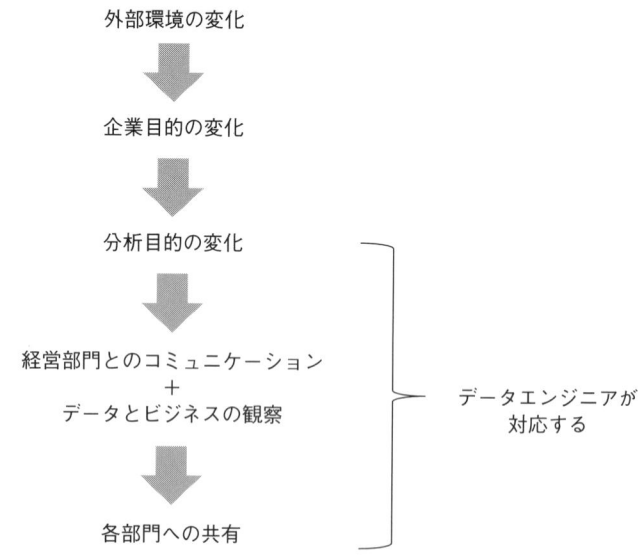

図 2-3　ビジネス環境の変化をデータ利活用に反映する

容されるような微細な変化は後回しにするなど、優先順位を設定する基準をもつ必要がある。変化が根本的な課題であるのか、表面上の課題であるのかを見分け、根本的な課題を優先的に対処することが望ましい。

　観察から得られた情報や気づきは、データエンジニアリング組織内で共有し、共通認識としてもつようにする。データエンジニアリング組織は、分析や意思決定に資する過去の事実をデータや情報という形で切り出し、経営部門に提供する役割をもつ。観察から得られた情報や気づきも、組織内で共有し文書として蓄積できれば、データエンジニアリング組織内のメンバーが入れ替わったとしても、将来にわたって必要になったタイミングで引き出し、分析や意思決定に活かすことができる。そのため、データエンジニアリング組織内で情報を共有し、蓄積することは欠かせない。

2.2.3 責任範囲の明確化または業務の補完

　データ利活用は三部門が連携して行うものである。理想としては、データ利活用に関するそれぞれの知識を共有しながらも役割分担を明確にしてデータ利活用を推進する体制を築くことであり、役割分担を明確にした上で三部門がビジネス上のミッションを遂行することで培ってきたスキルを最大限に発揮して、データ利活用における機能を十分に果たすことであった。しかしながら、データ利活用には責任範囲を明確に定めることのできない業務が多数存在する。データ利活用における業務のなかには三部門の責任範囲が重なるところに位置付けられるものもあれば、いずれの部門の責任範囲にも収まらないものもある。さらに、同じ業務でも状況や対象が変われば、難易度も当然変わるのだが、その都度、三部門が独自に実施方法をマニュアル化した上で成果物を定めて責任の範囲内に収めることは難しい。

　そこでデータエンジニアリング組織が、役割分担の曖昧になる業務の内容を整理して三部門の責任範囲を明確にする役割、または、その業務を一時的に引き受けることで補完する役割を担う。なお、データ利活用に生じる業務を技術的に担えるだけのスキルをデータエンジニアリング組織が持ち合わせていることが望ましい。データエンジニアリング組織が一時的にでも役割を引き受けるので、どの部門がその役割を担うべきかを決める時間、すなわち利害調整に費

やす時間が短縮される。また、データエンジニアリング組織が三部門の知識を背負って役割を担うため、特定の部門の視点が考慮されないことで正確性が損なわれるリスクを最小限に留めることができる。

なお、逆にいえば、データエンジニアリング組織の権限はこれらに限られるということも注記する。データエンジニアリング組織およびそこで業務するデータエンジニアは三部門をそれぞれ代弁する立場で各部門に相対するので、非常に大きな権限をもつように映ってしまうのだが、その責任と権限は「データ利活用」の範囲に限定し、それ以上の権限をもたないようにしなければならない。そもそもデータエンジニアリングが必要となった背景（1.6.5 項参照）を考えればそれで十分であり、三部門のどれにも属さず、中立な立場でバランスをとることが、データ利活用に関する対話を行う上で効率的である。

以下では、分担が定まっていない業務、スキルの不整合により遂行できない業務、手順や成果物をすぐに定めることができない業務について、データエンジニアリング組織がどのように対処するかを説明する。

(1) 分担が定まっていない業務

責任範囲や役割分担を定めるための話し合いを行っていない、もしくは話し合いが進まず、分担が決まっていない業務がある。話し合いを行っていないのは、三部門がビジネス上のミッションを遂行することを優先するため、データ利活用に関して話し合う時間をもてない場合によく見られる。一方、話し合う時間を定期的にもてていたとしても、そもそも業務の内容が整理されなければ、どの部門がその業務を引き受けるべきかが定まらない。業務を遂行するために必要なリソースやスキルは何かという前提が定まらないからである。

このようなケースでは、データエンジニアリング組織が主体的に業務内容を整理し、責任範囲を明確にする。各部門とのコミュニケーションを通じて、業務内容を明らかにしていくとともに、その業務を担うべき部門を検討する。やがて担当部門が正式に決まった後は、担当部門がその業務を適切に遂行できるように必要に応じてサポートしながら、徐々に引き継げばよい。

(2) スキルの不整合により遂行できない業務

データ利活用における業務遂行に必要なスキルセットが既存の機能と完全に一致しているわけではない。例えば、オペレーション部門がデータを生成・収集する機能をもち、データの生成機序を知識としてもつとはいっても、分析の目的に照らしてどのようなデータを生成し、収集すればよいのか、どのようにデータの生成機序を文書に記すべきか、メタデータやマスターデータをどのようにつくり分けるべきかといったことを必ずしもこと細かに把握しているわけではない。これらの業務はオペレーション部門のビジネス上のミッションに照らせば、過度に要求されているものであり、スキルの不整合が生じている状態だといえる。

スキルの不整合により、本来は遂行できないような業務を無理に担い続けることで生じる弊害もある。例えば、オペレーション部門がスキルの不整合を認識しつつも業務を担当し続けると、ビジネス上のミッションである外部とのコミュニケーションに支障をきたす可能性が生じる。また、データ利活用の業務に関しても適切に対処されるべき部分が適切に対処されず、結局はデータ利活用がうまくいかない原因となりうる。

解決方法としては、データエンジニアリング組織がその一切を担うことのほか、データエンジニアリング組織がオペレーション部門のデータ利活用担当者に伴走する形をとり、徐々に担当すべき部門がその役割を担えるようにトレーニングすることも考えられる。データエンジニアリング組織が伴走している間に、担当部門はデータエンジニアリング組織から業務を進める上で必要な技術や考え方を習得する。スキルの不整合が生じている業務をいきなり任せることは負荷が大きくリスクを伴うが、少しずつ新しい業務やスキルを獲得することに挑戦することは三部門にとっても、企業全体にとってもデータ利活用の観点からメリットが大きいといえる。

(3) 手順や成果物をすぐに定めることができない業務

データ利活用においては、すぐに手順や成果物を定めることができないような業務は多い。データ利活用とはそもそもマッチングできていないデータと目的とを結びつけるものなので、ビジネス上の目的に対して最初からデータの収

集や加工の手順が明確であることはほとんどない。よって、データ利活用の最初の段階は常に手順や成果物が曖昧である。特に、新しい技術を導入して課題を解決しようと試みるケースや、今まで想定されていなかった未知の問題に取り組む際にはより顕著であり、従来の方法やプロセスでは容易に対処できない複雑さがある。手順や成果物を定めるにあたっては、データ利活用に対する深い理解はもちろんのこと、課題に取り組む目的や利害関係者からの期待を熟知している必要がある。

　すぐに手順や成果物を定めることが難しい場合は、実験的に少しずつ進めるしかない。試行錯誤を通じて課題に対する解像度を上げていき、最適な手法やプロセスを見つけ出すこととなるが、この過程はしばしば時間とリソースを要する。したがって、実際に手を動かす部分はデータ利活用に労力を割くことができる組織であるデータエンジニアリング組織に委ねることが前提となっている。

　この問題の解決には、実験的なアプローチに時間と労力を投入すること、また、失敗した場合のリスクに備えることをデータエンジニアリング組織の業務として取り入れるのがよい。未知の領域へのトライアルは常にリスクを伴うが、データエンジニアリング組織はそのリスクを受け入れ、トライアルを通じて新たな知見を得ようとすることを業務の一部とする。データエンジニアリング組織がこの実験的なアプローチを担うことにより、他の部門はリスクを最小限に抑えつつ、ビジネス上のミッションを遂行することや、すでに責任範囲が明らかとなっているデータ利活用上の業務に集中することができる。

　最終的には、データエンジニアリング組織が担う業務のうち、手順や成果物を定めることができ、かつそれが継続的に必要だと認識されたものから、三部門に引き継いでいく形をとる。これが図 2-2 で示した標準化である。業務の手順や成果物を定めることは、業務遂行に必要な技術や手法の活用方法を整理した後、三部門に展開し、その担い手を教育することも含む。業務の手順や成果物だけでなく、用いられる技術や手法が整理されることは、三部門が業務を理解することを容易にし、早期に慣れることに寄与する。

2.3 データエンジニアリング組織の行動指針

　データエンジニアリング組織は実際の業務を遂行するにあたり、行動指針を明らかにして三部門に提示するべきである。データエンジニアリング組織が明確な方針を持つことで、データエンジニアリング組織を構成するデータエンジニア自身が方向性を保つことができ、三部門から見ればデータエンジニアリング組織に何を期待できるかがはっきりし、組織としてデータエンジニアを評価する際の基準策定につながるからである。

2.3.1 三部門と信頼関係を築く

　データエンジニアリング組織がコミュニケーションを一本化し、情報共有や利害調整を担うことは、三部門とデータエンジニアリング組織が信頼し合う関係を築いてはじめて成り立つ。逆に信頼関係がなければ、互いが必要な情報を交換することにブレーキがかかる。それぞれの機能がデータエンジニアリング組織に自身の視点を託すこと、またデータエンジニアリング組織が他機能の視点や利害を歪めることなく他部門に伝えていると見なすことは、三部門がデータエンジニアリング組織を信頼していなければ実現しない。

　したがって、必要なときにコミュニケーションをとり、サポートし合うことができる人と人との関係を構築できる力がデータエンジニアには求められる。まず、データエンジニア自身が困ったときに、誰に声をかければ助けてもらえるか、必要な情報を得たいときに誰をあたるとよいかなどの見当がつくことが望ましい。そして、心理的な障壁を必要以上に感じずにその人物に声をかけることができ、また、データ利活用に関して他部門が困っている場面ではデータエンジニアが声をかけてもらえる関係を三部門と築くとよいだろう。

　信頼関係構築には時間がかかり、コミュニケーションと相手への貢献が繰り返されるうちに築かれるものである。データエンジニアリング組織は相手の立場に立ってコミュニケーションを行うこと、データ利活用における三部門の責任・役割・視点をサポートし続け、データ利活用をビジネスの成果に繋げることに貢献することで三部門からの信頼を得ていく。つまり、信頼関係が築けているかどうかは、コミュニケーションを実践し、継続できているかであり、こ

れがデータエンジニアリング組織の貢献を測る目安の一つとなる。

　信頼関係を構築することの基本は、データエンジニアが常に合理的に行動をとることを示すことにある。データエンジニアは合理性に基づいて必要な情報を聞き出し、または、伝達する。データエンジニアに任せれば何とかしてくれるという信頼が、コミュニケーションのハードルを下げることに繋がる。最終的には、三部門から「この人の言うことだったら聞こう」とデータエンジニアが単なる便利屋ではなく、データ利活用における社内コンサルタントのように思ってもらえるようになることが理想である。

　ここで注意すべきは、信頼関係そのものは定量的に測ることができないということと、信頼関係は簡単に崩れる可能性をもつことである。配慮に欠けた言動、すぐに感情的になること、そして特に傲慢な態度が信頼関係を壊す原因となる。信頼関係が定量的に測れないものであるため、信頼関係を壊すような言動をとっていないか日頃から省察するとよい。また、信頼関係は一旦構築してしまえば存続するというものではない。日頃のコミュニケーションと貢献を通じて、互いに意識して、維持・強化すべきものである。

　信頼関係を維持するためには、謙虚な姿勢や能動的な姿勢のバランスを崩してはならない。例えば、部門別のミーティングがあるならば、データエンジニアリング組織内で分担しながら、全てのミーティングに参加するのもよいだろう。参加する会議では、情報収集や視点の獲得に徹しながらも、必要と感じた場面や意見を求められた場面で発言をする。定期的な会議がないならば、少なくとも日頃、三部門の視点を継続的に得られるよう、また他の部門の視点をデータ利活用に適用できるように再構築して伝えられるよう、自らコミュニケーションの機会をつくっていく。

　逆に信頼関係を壊す要因のなかで最も注意したいのが、データエンジニアが傲慢になることである。三部門とのコミュニケーションを重ね、視点を持ち合わせているからと、組織全体を常に俯瞰できていると錯覚してはならない。ましてや、三部門の視点をもって合理的に考えられているからと、データエンジニアの意見が最も効率的で正しいのだと傲慢に考えてはならない。たとえ俯瞰できていたとしても、それは一時的なものに過ぎない。ビジネスの状況もデータがもつ意味も常に移り変わっていくものである。だからこそ、データエンジ

ニアリング組織は常に三部門とコミュニケーションを重ね、視点をアップデートし続けなければならない。

2.3.2 機動力を発揮する

　意思決定のスピード向上に寄与するため、データエンジニアリング組織は機動力を発揮することが求められる。データに関して機動力を発揮すべき場面は、データの分析に関連するリクエストを解釈する、データの所在やデータの生成機序を把握する、データを検証し提供する、データ基盤の機能を拡張するためのプロトタイプをつくるといったことが例に挙げられる。

　データエンジニアリング組織が機動力を発揮するには、リスクや失敗を許容する必要があるが、全てのリスク、全ての失敗が無条件に許容されても良いわけではない。どのようなリターンを期待して、リスクを負うのかは、その都度明確になっているべきである。機動力を発揮する代わりに正確性を完全には保証することができないことを経営部門が認識した上で、それによって生じるリスクを経営部門が許容する必要がある。

　データ利活用によって得られるものを最大化するために不確実性をどこまで許容できるかを判断するのは、あくまでも経営部門である。データエンジニアリング組織は、確実なものと不確実なものの境界線で待機しつつ、経営部門が「機動力で得られるリターンを優先するためにリスクを負う」と判断をしたときに、先陣を切って動き出せる組織であるべきだ。過剰な慎重さは不要な場面を見極め、試行錯誤を重ねることで、徐々にアウトプットの精度を高めていくことがデータエンジニアリング組織に求められる。

COLUMN

試行錯誤と失敗の許容

　データエンジニアリングは、試行錯誤しながらアウトプットの精度を高めていくことを基本とする。機動力を重視するため、初めから完璧なものを目指してはいないのである。しかし、独りよがりに進めているだけでは、欠陥や方向性の間違いに気づきにくいため、他者からのフィードバックを受け入れ、それをもとに改善する姿勢をもつべきである。

> フィードバックは客観的な示唆を含み、試行錯誤の方向性を正しく保つことに寄与する。方向性を正しく保つことを怠れば、データエンジニアリング組織のアウトプットがビジネスの実態とかけ離れた、見当違いなものになってしまう。
>
> また、試行錯誤をしてアウトプットの精度を上げていくためには、失敗を許容する文化や空気が、チームに醸成されていることが前提となる。失敗が許されず、心理的に緊張感がある状態では、無難な方法しか試すことができず、より効率的な方法、より革新的な方法を生みだすことが難しくなる。

2.3.3 当事者意識をもつ

データエンジニアリングにおいて、三部門の知識とデータエンジニア自身の判断に基づいて、改善点や解決策を自ら提案する姿勢が、当事者意識の表れである。当事者意識をもつことは、指示されたことをやるだけの受動的な姿勢を避け、自分ごととして能動的にプロジェクトやビジネスそのものに関わることを意味し、データエンジニアリング組織が必要となる理由と照らしても極めて重要である。

当事者意識をもつことは、コミュニケーションの基礎を成す要素であるため、データ利活用に関するコミュニケーションを主導するデータエンジニアリング組織の基本的な行動指針の一つだといえる。データエンジニアリング組織は三部門の視点をあわせもち、特定の部門と対話する際は、他の部門の目的や期待、ニーズ等を代弁することも多い。そのため、各部門がもつ機能や役割を自身が担うつもりで（状況に応じて実際に担うことも多いが）コミュニケーションに臨むことは当然のごとく求められる姿勢である。その姿勢の表れの一つとして、認識のずれを生じさせないように、曖昧なことは曖昧なままにしないことにはこだわるべきである。三部門とのコミュニケーションにおいて曖昧な部分がなくなるまで確認を続ける、もしくは2.2.3 項で論じたように、データエンジニアリングがその曖昧な部分を引き受け、明確にしていくプロセスを担うという形で対応する。例えば、定期的に取得しているデータの中に、名称を表すデータの表記が予告なく変更されることがある。オペレーション部門に確認するとわかる場合もあるので、まずは確認することが有効である。しかし、返答が「外部から購入しているデータなので、詳細はわからない」という

ものであった場合を考えてみよう。基本的なことであるが、データの詳細がわからない状態をそのままにせず、オペレーション部門が確認に時間をとれなければ、データエンジニアリング組織が必ずデータの生成元に直接確認するのである。

単純に指示されたことをこなすだけでは、データエンジニアリング組織の存在意義がぼやける。課せられたルーチンワークやアドホックなリクエストを確実に遂行することは、もちろん大事なことである。しかし、データエンジニアリング組織がその存在意義を明らかにするためには、課せられた業務の遂行に加えて、率先してデータ利活用を進めるために活動することである。三部門の目的や意図を汲み取った上で、想像力を働かせ、三部門のかゆい所に手が届くような工夫を続けることが、データエンジニアリング組織の価値につながる。

2.4 データエンジニアの人材像と育成

ここまで、データエンジニアリング組織の存在意義と役割について述べてきたが、最後にそこで働くデータエンジニアの人材像と育成方法について述べる。

2.4.1 データエンジニアの必要条件

データエンジニアリング組織が実施することを大きくまとめると、「自社におけるデータ利活用の当事者となり、全てのコミュニケーションを媒介することで、機動力をもって課題を解決する」ということであった。ここで、課題を解決するというところだけに注目してしまうと、人材確保が困難になる。もちろん、課題解決ができる人材がいて、データエンジニアリング組織の所属に留めておくことができる場合は非常に力強いのだが、全てを持ち合わせている人材を確保できることを前提にしては組織を構成することは難しい。

そこで、ではデータエンジニアとして最低限どのようなスキルや経験をもっていればよいかを考えると、実はほとんどのスキルは経験で補うことができ、また業務環境を設定することで獲得できるのではないか。

データエンジニアリング組織が立ち向かう課題はデータ利活用であり、デー

タ利活用とは、まだ結びついていないデータと目的とを結びつける仕事（図1-6）であった。そしてそこにはコミュニケーションの問題があり、多くの利害関係者を渡ってそれぞれの意見を集約し、調整する必要があった。このような業務に必要なのは具体的な技術ではなく、

- 自社の業務への理解
- データ利活用への当事者意識
- データと目的とを結びつける想像力

などのヒューマンスキルである。これら以外のスキルについては、もちろんもっているに越したことはないが、なければ今後の経験でカバーできるので、特殊な技術が必要な場合はできる人にやってもらってもよい。主体性をもって課題に当たることができれば、おのずとどうすれば課題を解決できるかを考えることになり、それが自分では技術的にできないのならば必然的に誰にやってもらうかを考えることになる。

　なお、当事者意識や自社業務への理解がデータエンジニアの業務に対する重要な動機になることから、データエンジニアは他社からの派遣や委託で賄うべきではなく、自社の社員であることが望ましい。データを継続的に観察し、またデータに関わる社内関係各所との良好な関係を長期にわたって築いていくことが望まれるので、テンポラリな人材には困難であるし、せっかく積み上げた経験を契約変更などで失うことになる。自社の経営部門、オペレーション部門、情報システム部門などからそれぞれの経験をもつ人材を連れてきてデータエンジニアとして育成[4]できれば、すでに自社の業務への理解があり、社内で

4）『データマネジメント知識体系ガイド　第二版』（DAMA International, 2018）には、次のように記されており、データエンジニアに通ずるものがある。「DAMA-DMBOK の第一版で『最高のデータスチュワードは発見されるものであって、作られるものではない』と述べられていた（DAMA, 2009）。つまり、多くの組織で、たとえ正式なデータガバナンス・プログラムがなくても、スチュワードシップを発揮できる人がいるということである。このような個人は組織がデータ関連のリスクを削減し、そのデータから多くの価値を引き出すことにすでに関わっている。」（引用文中の（DAMA, 2009）とは、DMBOK の初版にあたる、*The DAMA Guide to the Data Management Body of Know-*

のコミュニケーションネットワークもすでにもっているので効果的である。これらの部門の中にはすでに何らかのデータを取り扱い、または管理している人が存在するはずなので、それらの人材にデータエンジニアとしての役割と評価体系を与えることで、データエンジニアとして活躍することができる。

2.4.2 データエンジニアがもっていると良いスキル

必須となるスキルは漠然としたヒューマンスキルであるのに対し、持ち合わせていると良いスキルは非常に多い。ただし、それらを全て使うわけではなく、課題やタイミングによって使うスキルは異なるので、自社や自身の状況に合ったスキルを伸ばしていけるとよい。

例えば、よく利用するスキルは自社のデータ利活用がどの程度進んでいるかによっても異なる。データを取り扱うツールを一つとっても、社内のデータ管理が全く進んでおらず、各部署がそれぞれ表計算ツールを使って管理しているような会社では、まずは表計算ツールが使えれば十分なのだが、データ管理がある程度進んでおり、全てのデータがクラウド型データベースに格納されているような会社の場合は、クラウドに関する技術やデータベースに関する技術が必須であろう。

また、オペレーション部門の業務知識や、それに関する技術領域は高い確率でデータエンジニアも関わるので、学んでおくべきだ。全てを知っておく必要はないとしても、オペレーション部門の人とのコミュニケーションができる程度には知っていないと話が通じないし、知っていることが多ければ多いほどコミュニケーションコストが下がるので、積極的に学ぶべきである。

いずれにしても、目の前の課題を解決するために必要な技術をそのときにもっていればよいのだが、課題が決まっていない以上、このスキルをもってい

---

lege（DAMA-DMBOK Guide）1st Edition を指す。）ここでいう「データスチュワード」とは、データ資産を管理する立場にある人材のこと（McGilvray, 2008）であり、本書でいうところのデータエンジニアと非常に近い人材像である。また、Plotkin はデータスチュワードシップの組織的な実践方法について詳しく述べている（Plotkin, 2014）。

れば十分だということはない。全ての場面において新しい技術が必要になる可能性があり、自分で何を学ぶか、できないことは誰に何を任せるかを都度判断する必要がある。

ただし、一般的にデータエンジニアがよく直面する技術領域はあるので、それらを学んでおくことは有効である。次に挙げる技術が一般的にデータ利活用においてよく使われる技術や知識である。

- 情報処理技術
  - コンピュータを利用してデータを操作する技術：
    ファイルの操作、データの加工、データベースの利用、通信など
  - 集計・可視化、ダッシュボードの操作
  - データ処理のためのプログラミング
  - データ管理や情報セキュリティに関する事項
- データ分析と意思決定
  - 統計数理、機械学習、AI
  - 経営・会計
  - 人事、評価、人材育成

2.4.3 データエンジニアの評価

データエンジニアリング組織を既存の組織から分離した理由は、評価体系が異なるからである。1.5 節で見たように、これまで社内でデータ利活用に関係する人材はいたとしても、データエンジニアリング組織導入以前では、その人材は既存の組織の評価体系、つまり、当該部門のビジネス上のミッションに貢献することが主たる評価対象であり、データ利活用への貢献は主たる評価対象ではなかったことが、データ利活用を阻んでいた。

そこで、データエンジニアリング組織の人材については、データエンジニアとして活躍できる評価体系を構築することが必須であり、逆にこれが構築できれば、その環境で経験を積めばおのずとデータエンジニアとして育成される。

評価のポイントは、本章を通して述べてきたデータエンジニアリング組織のあり方と同じであるが、データエンジニア評価の視点で再掲する。

　最も重要な評価視点は、データエンジニアは不確実性のある業務を担当することである。まだ使えていないデータを使おうとしたり、目的のために未知のデータを探しに行ったりする役割なので、仕事を何時間したからといって、課題を解決できるわけではない。さまざまな試行錯誤が必要であり、しかも試行錯誤したからといって成功するとは限らない。不確実性の度合いは課題によってさまざまだが、少なくとも確実に成果が出る仕事ではないことが、他の業務との大きな違いである。不確実性という意味では、研究開発や経営企画などと近い評価体系が必要になる。具体的には、失敗を許容してそれを恐れなくすること、データ利活用業務における心理的安全性を確保することが必要である。

　では、何をアウトプットとして期待すればよいか。それは、レスポンスの早さである。データ利活用に関して、他部門からの問いかけに対するレスポンスが早いことは、データエンジニアリング組織をつくる理由の一つでもあったが、リスクを恐れず、できればリスクをある程度掌握した状態で、素早いレスポンスを返せることは大いに評価すべきである。何らかの作業が発生する場合でも、課題に要求されるスピード感を聞き取った上で、適切な処置ができること、つまり、どこまでを自分で処理して、誰に何を依頼するか、その方法が課題の要求するスピード感にとって適切かどうかは、依頼者との対話の中でデータエンジニアリング組織が考え、行動に移すべきである。

　また、そのレスポンスにおける主体性も重要な評価軸である。不確実性の下でレスポンスを返すので、一度返したら仕事が終わるわけではなく、必要ならばそのレスポンスが本当に正しいのかを確認しなければならない。また、依頼自体が間違っている可能性もあるので、必ずその依頼の背景にある目的を聞き取り、自身の経験や知識に基づいて、どのようなレスポンスを返すべきかを考え、もし目的と依頼とにデータ利活用上の乖離があればそれを指摘しなければならない。平易に言い換えると、言われたことだけやっているのでは、データエンジニアである意味がない。主体的にデータ利活用に取り組む姿勢を評価軸として重視したい。

　また、データエンジニアは社内でデータのことを最もよく知っている人材になることが理想なので、あらゆる現場に出向き、コミュニケーションをつなぎ、データを知るという行動を業務として組み込む必要がある。つまり、社内

のデータを知ることを評価軸に盛り込むことで、積極的にデータを観察することを日常業務化すれば、最もデータを知る人材へと育成することができる。もし何らかの依頼によってでしかデータを知る機会を与えられなければ、主体性は損なわれてしまう。

これらの評価軸を並べて見ると、共通する価値観は「社内への貢献」であり、社内関係者からの評価が直接的なデータエンジニアの評価となることがわかる。例えばデータエンジニア満足度調査のような形でアンケートをとることも評価方法の一部として有効ではないだろうか。

2.5 本章のまとめ

本章では、データエンジニアリングを担う組織、およびデータエンジニアは具体的に企業活動の中で何を行うのか、どのように既存組織に対して貢献するのかを記した。

企業におけるデータ利活用の課題は、

- データ利活用に関する部門間の認識のずれ
- スピードと正確性の両方を満たすことへの固執
- 責任範囲が曖昧な業務への不十分な対応

であった。そこでデータエンジニアはこれらを解決するべく、データ利活用における共通認識を構築するために関係各所の間に入って積極的にコミュニケーションを主導し、スピードを要する意思決定支援に際して不確実性を内包しつつも結果を提出する責任を担い、データ利活用において他部門が対応しきれない業務を自ら実行することで、データ利活用を推進する。これがデータエンジニアの理想像である。そして、理想的なデータエンジニアが活躍する土台として必要なのは、経営部門、オペレーション部門、情報システム部門のどれにも属さない独立した組織、もしくはそれに準ずる評価の体系であることを指摘した。

このように、企業内でコミュニケーションの中心となり、貪欲にデータ利活用を推進するという理想像をもったデータエンジニアであるが、これは特別な

人材であることを意味しない。もちろん、誰とでもコミュニケーションができて、自社ビジネスに精通し、情報技術もデータ分析も得意、という特別な人材がいればデータ利活用にとって大きな戦力にはなるが、そのような人材は他の部門からも引く手あまたであろう。では、データエンジニアに最低限必要なのは何か。それはデータ利活用に関するコミュニケーションであり、データをよく観察し、データを通じて自社が置かれている状況を日々想像することである。これ以外に必要なスキルはそれぞれの企業が置かれている状況やデータ利活用の進み度合いによって変わり、後から必要に迫られて習得すれば十分なものも多い。データをよく観察して、気付いたことをすぐいろんな関係者に聞いて回れること、データについて聞かれたときに自分がそのデータを最もよく知る人材として答えられることが、データエンジニアの必要条件である。

第2部

データエンジニアの業務

第 2 部では、データエンジニアが各部門とどのようにコミュニケーションをとるべきかを、相対する部門別に整理する。第 3 章では経営部門、第 4 章ではオペレーション部門、第 5 章では情報システム部門とのコミュニケーションについてそれぞれ述べる。各章の構成は次のとおりである。

　第 1 節（3.1 節、4.1 節および 5.1 節）では、各部門が企業内で担う役割と評価軸を概説する。データエンジニアは各部門の担当者が一番大切にしていることを理解し、それを前提とした最適な振る舞い方を考える必要がある。

　第 2 節（3.2 節、4.2 節および 5.2 節）では、各部門がデータ利活用のためにどのようなコミュニケーションを必要としているか、つまり、他部門に対してどのような情報や知識を提供し、また他部門からどのような情報や知識を得る必要があるかを説明する。これらはデータエンジニアがいるかいないかにかかわらず、データ利活用の促進にとって必要なことである。

　第 3 節（3.3 節、4.3 節および 5.3 節）では、データエンジニアの振る舞い方を示す。データエンジニアの役割は、第 1 節で示した各部門の役割と評価軸を踏まえた上で、第 2 節で示したデータ利活用における部門間コミュニケーションを仲介し、円滑に進めることである。

　各章はほぼ独立して読めるような記述としたので、実際に現場で業務を行うデータエンジニアの立場ならば、自らが相対する部門が関係する章から読み進めると理解しやすいだろう。

第3章　経営部門とのコミュニケーション

　本章では、データエンジニアが経営部門に対してどのようなコミュニケーションを行うべきかを記す。

　まず、3.1 節にて経営部門のビジネス上のミッションと、データ利活用における役割を示し、実態を概観する。次に、3.2 節ではデータ利活用において経営部門がオペレーション部門、情報システム部門とどのようなコミュニケーションをする必要があるかを述べる。最後に、3.3 節でデータエンジニアがデータ利活用を活性化させるために経営部門のコミュニケーションをどのようにサポートするかを示す。

3.1 経営部門の役割

　経営部門はどのような部門なのか。経営部門が何をしているのかを知らずに、データエンジニアとしてサポートすることは難しいので、本節では経営部門はデータエンジニアから見てどのような特性をもつ部門なのかを紹介する。

　まず、ビジネスまたはデータ利活用において経営部門が担う役割、すなわち企業目的の設定と達成、データ分析と意思決定をもとに述べることで、データエンジニアが捉えるべき経営部門の側面を明らかにする。そして、オペレーション部門と情報システム部門、そしてデータエンジニアは、データ利活用において経営部門をどのように支えるべきかを紐解く。

3.1.1 企業目的の設定と達成とは

　経営部門が背負うビジネス上のミッションは企業目的の設定と達成である（1.5.1 項（1）参照）。企業は多様な目的をもち、それぞれの目的がその企業の設立趣旨や存在意義を反映している。利益拡大、顧客便益の増大、社会貢献、

新技術の開発などが企業目的の例として挙げられる。

　では、これらの目的を達成するために、経営部門は何をするのか。データエンジニアがデータ利活用促進の方策を検討するにあたっては、この問いに対して明確に答えられるようにしたい。経営部門は設定した目的に対し、それに到達する方法を考え実行するのだが、企業の目的が多様であることと同様に、その目的を達成する方法もさまざまである。そこで、経営部門はあらゆる行動案の中から企業目的を最短経路で達成できるものを選ぼうとする。例えば物流サービスを提供する企業において、その目的を物流サービスにおける利益の拡大としよう。また、この目的に対してとりうる選択肢を、サービスラインナップの拡充と、サービス料金の値上げとする。実際は他にもさまざまな目的や手段が存在するが、説明を単純にするため、今回は例に挙げた二つの手段に着目する。すると、利益の拡大という企業目的に対してどちらがどの程度寄与するだろうか。サービスラインナップの拡充は、これまで目が行き届かなかった範囲の潜在顧客を掘り起こす可能性があり、その結果として、売上増、利益増につながる可能性がある。一方で、サービス料金の値上げは直接的に利益増につながるものの、既存顧客を遠ざけるリスクがあり、企業目的の達成には不適切かもしれない。

　しかしながら、実際のビジネスはより複雑である。例えばサービスラインナップの拡充は、取り扱い時の分類に時間がかかったり、トラックへの積み込み時にムダが多くなったりと、サービスの運用にかかるコストを増大させ、その結果利益の増加が見込めないかもしれない。売上が増える以上にコストが大きくなれば、その差分で算出される利益は減少してしまう。翻って、サービス料金の値上げは確かに一時的には既存顧客が離れてしまうが、そこでできた余裕に対して新たな顧客帯を開拓することができるので、取扱量を巻き返せば利益も増加させられるかもしれない。

　つまり経営部門は、企業の目的達成のためにとりうる選択肢のそれぞれについてその未来を予測し、それぞれの予測結果を比較したり、部門や意思決定者がそれまでに培った経験知と予測結果を突き合わせたりしてとるべき方策を選んでいるのである（図 3-1）。予測結果で考慮されるのは、売上や利益がいくら上がるかといった企業活動にとって直接的なものから、社会的な地位や名声

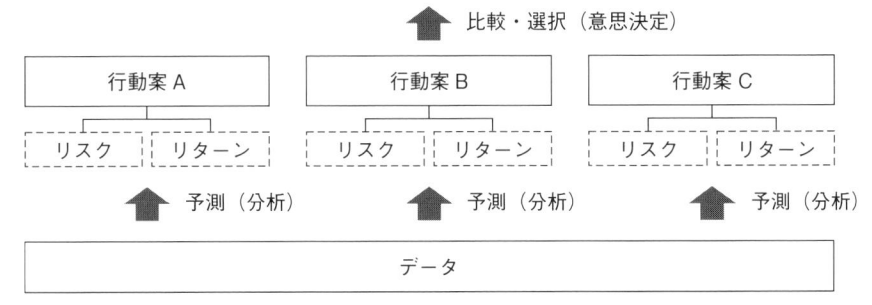

図 3-1 企業目的の達成につながる行動案の比較と選択

の変化、持続可能性、関連組織への貢献度といった間接的なもの、また自らの組織のメンバーの満足度やモチベーションの変化など対内的なものまでさまざまであり、全ての選択肢についてこれらがどのように変化するかが議論される。さらに、これらの予測には不確実性があるので、その不確実性の度合いがどの程度なのかも議論しなければならないだろう。

　まとめると、経営部門は企業目的の設定と達成のためにその方法を多数検討し、選択する。選択する際には選択肢ごとに将来を予測し、それを比較することで、最も都合がよいと考える選択肢を選ぶ。これが経営部門のミッションである。

3.1.2 データ分析と意思決定

　経営部門のミッションは、企業目的の達成のための選択肢を考え、それぞれの未来予測から最適な選択肢を選び、それを遂行することであったが、この行為をデータ利活用の面から支えるのが「データ分析と意思決定」である。特に、データ分析は経営部門が主体となって取り組むべき課題[1]であり、データ

1）三機能モデルのフラクタル性（1.6.4 項参照）により、例えばオペレーション部門の中にもその中での経営部門に相当する、意思決定を担う人もしくはチームがあれば、その人もしくはチームが取り組む課題である。

分析者やデータサイエンティストなどは経営部門に所属して、有効な意思決定を行うために活動するメンバーと捉えると整理しやすい。またそのような専門的業務を担うメンバーがいなかったとしても、経営者自身がデータを観察し、自身の経験と照らし合わせて将来を想像することもある種のデータ分析である。よって、データエンジニアは経営部門がデータ分析を行うために必要なデータを調達し、またその背景を調べ、傾向や性質について議論するなどの活動で、経営部門のデータ分析と意思決定を支援する。

　では、データ分析と意思決定について、もう少し詳しく見てみよう。

(1) データ分析とは

　データ分析は選択肢に対する未来予測をすることであったが、これをもう少し詳しく見てみると、この予測とは、経営に影響を与えるさまざまな「指標」について、それらが将来どの程度の値になるかを予測しているのだといえる。指標には、例えば売上や利益、利益率など、直接数字で見えるものから、社会的地位や名声（ブランド力）や顧客満足度など、目には見えないけれど、世間からどのように見られているかを示すものもある。さらには、従業員満足度や離職率など、企業内部についての指標もあり、売上予測や持続可能性のような各指標の将来を見通す指標もある。

　そして、これらの指標が将来どのように変化するのかという問いについては、予測の結果としてそれらの指標の将来における期待値（リターン）と、その変動幅（リスク）を求めればよいということになる。リターンというと期待収益のことを指すように思えるが、ここでは狭い意味の収益に限らず、企業経営において予測されるさまざまな指標は期待収益に結びつくという意味で「リターン」という言葉を使う。また、リスクについても同様に、リターンと対で使われる場合にはリスクは当該リターンの変動幅を指す。なお、本来リスクはもっと広い意味をもっているので、変動幅については他に分散、標準偏差、またはボラティリティという言葉も使われるが、リスクにはそれらを全て内包した上で、不確実性に基づいて未来予測される指標の変動幅という意味も含める。

　指標のリターンとリスクを予測するという行為を科学的に考えたとき、これ

は統計解析である。統計解析とは、過去のデータと統計モデルから数学的手続きによって、将来時点での指標の期待値やその変動幅を推定することである。統計モデルとは、社会やビジネスに因果関係を仮定し、それを数式で表現したものである。ただし、現実の社会やビジネスは非常に多くの要素が相互作用し合って存在しており、それらの全てを数式で表現することは不可能なので、統計モデルではそこから分析の目的に対して有効なものだけを抽出し、細部は削ぎ落として構築する。例えば売上という指標を資本と労働の二つの要素で表現しようとしたとき、売上は資本と労働の関数になる。これがモデルである。実際にはこのように単純ではなく、資本の中にもさまざまな種類（土地や工場、機械、権益など）がある。そして、労働も人数や労務費だけでなく、各人材のスキルや経験などさまざまな詳細項目があるが、そういった細部にはいったん目をつぶり、大枠として売上を資本と労働から捉えてモデル化している。もちろん、どこまで詳細化するかはそのモデルの用途、つまり何をどの程度詳細に予測したいかに依存する。

　統計解析に使用するデータは、この統計モデルの入力になる。上の例では資本と労働がその入力になっており、それぞれ何らかの単位で集計された値を資本、労働のそれぞれの値として入力すると、統計モデルという関数を経由して売上予測値が出力される（図3-2）。よって、ここで入力するデータは、統計

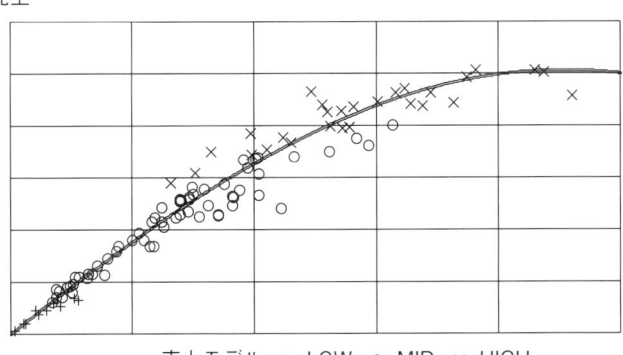

図3-2　統計モデルを経由して、入力（この例では資本（LOW, MID, HIGH）および労働（横軸））に対して出力（この例では売上（縦軸））予測値が示される

モデルの入力として使用できる形に加工されていなければならない。逆にいえば、統計モデルの入力となりうるようなデータを収集し、合うように加工するのである。

　これら一連の作業が、一般的にはデータ分析と呼ばれている。

(2) 経営部門における意思決定

　ではもう一度、経営部門が行う意思決定について考えよう。企業目的の設定と達成のために必要なのは予測と計画である。Fayol が定義した経営の主要活動にも予測と計画が含まれていた（Fayol, 2013）。そして分析とは、この予測のために行われる。分析の中には直接的には予測に関わらないようなものもあるのだが、それらも長い目で見れば全て予測のための判断材料になっている。例えば過去や現在の企業のパフォーマンスやビジネス環境を観察して整理するような調査分析は、その結果から経営者が将来を予測するための手がかりを発見することが目的にある。つまり、把握した企業の状態やビジネス環境が知識や経験として獲得され、その知識や経験が次の予測に活かされるのである。予測を経て行動案を計画することは、1.5.1 項 (2) で示した Simon の理論で説明したが、再掲すると、Simon は意思決定を次の三つの段階に分けている：

- Intelligence（情報収集）：現状認識と意思決定を要する課題の発見
- Design（計画）：課題の解決策となりうる複数の行動案の検討
- Choice（選択）：行動案の選択

つまり、意思決定にあたっては、まず知識を集め、行動案を設計することでその行動案がもたらす未来を描き、最良の行動案を選ぶことを論じている。これが Simon の定義した IDC モデルの根幹である（Simon, 1960, 1997）。

　経営部門のミッションを考えたとき、このように情報を整理し、選択肢を構築し、予測をして最善の方策を選択すること、そしてこれを繰り返すことが本来のミッションであることがわかる。ビジネスを取り巻く環境は常に変化しており、その変化への対応を間違えると大きな痛手を被る。よって、経営部門は常にビジネス環境を観察し、データからさまざまな指標の予測を行い、選択を

適宜行わなければならない。つまり、データ利活用は本来の経営部門のミッションになくてはならない活動である。

ところで、意思決定を目的としたデータ分析と、数学的手続きにおける統計解析との間には乖離があることに注意しよう。統計解析は何らかの統計モデルを想定し、それに対して定められたデータを投入することで予測やその確からしさを議論する数学的手続きであった。しかし、ここに二つの乖離がある。

一つ目は（1）でも述べたように、統計モデルとは現実の枝葉を削ぎ落として重要な部分だけを取り出した、あくまでもモデルである。それは現実と完全に一致するわけではなく、ある程度の誤差を想定して構築するものである。この統計モデルをつくること自体も難しく、過去のさまざまな研究成果を援用しつつ、自分たちが取り組む課題をモデル化するのであるが、ビジネス環境に完全に一致するものはつくれないため、現実との間に乖離が生じる。そこで、データをもとにその乖離を埋めるべく調整やモデルの修正を行うのであるが、多くの場合、この「データ」が存在しない。これが二つ目の乖離である。ビッグデータの時代になり、世の中はデータで溢れていて、どんなデータでも入手可能なように思えるのだが、実際は、必要なデータは存在しないことがほとんどなのである。

例えば何らかの事業で新規市場開拓を行いたい場合に、売上の予測を立てるためにその事業の市場規模や潜在顧客の存在率などを知りたいのだが、そもそも過去の実績がないから新規事業なのであって、新規市場にはそのようなデータは存在しない。また、ある商品の販売で競合している他社との競争において、自社製品の価格を値下げしてシェアを奪おうと思ったとき、競合他社はそれに対してどのような戦略をとるかをデータから予想しようとしても、競合他社のデータは手に入らない。

そこで、どのようなデータがあれば他社の戦略予測を行えるか、また、そのデータを入手できるかを確認する必要がある。ほかにも、商業施設で何らかのキャンペーンを実施しようとした際、それを何時に行えば最も効果的かを予測したいと思ってデータを探したが、来店客数データは月次単位でしか存在しなかったというような、データはあるけれど分解能が低いというケースもある。これらのように、データはそれだけでデータ分析に使えるのではなく、統計モ

デルへの入力にうまく適合したときに初めて使えるようになる。

　ところが、意思決定はデータが集まったり、データ分析が完了したりするのを待ってくれるわけではない。企業のミッションを達成するための意思決定はデータ分析の都合に合わせて行えるものではなく、意思決定のタイミングが主であり、それにデータ分析が間に合わなければ、結局は勘や経験に依存して意思決定をしなければならない。データ分析の結果はそれが関連する選択肢の予測精度を向上させてくれる、つまり、リスクを減らしてくれるのだが、現実の意思決定ではリスクが大きい状態でも何かしらの方策を選ばなければならない状況が頻繁に起こる。経営部門は意思決定をする、そしてそのために選択肢のリターンとリスクを予測するのだが、データ分析はあくまでもその精度を向上させる手段であり、目的ではない。

　言い換えると、データ分析は企業経営における意思決定の理由付け、意思決定の論理性や客観性を補強するものであるが、意思決定そのものではない。経営部門の主観を挟まずに、分析の結果がそのまま企業の行動を決めることはない。例えば、データに基づいてある程度はリスクとリターンを定量化することができるが、リスクをどれだけ許容し、リターンをどれだけ求めるべきかは最終的には経営部門の主観に委ねられる。複数の行動案が候補に挙がり、リスクは大きいがリターンも大きい行動案と、リスクは小さいがリターンも小さい行動案があったとする（図3-3）。このとき、最終的にとるべき行動案は、経営部門の勘や経験に基づく意思決定となる場合が多い。なぜなら、複数の行動案のリスクやリターンは内容が異なる場合が多く、異なる内容を同じ単位で厳密に定量的に比較するのは難しいからである。例えば、行動案 A のリスクは、コストに関わるリスクである一方で、行動案 B のリスクは安全性に関わるリスクかもしれない。どの行動案が企業目的を達成するための最短のルートであるかは、データ分析では断定しきれないものなのである。データ分析はあくまでも、それぞれの行動案のリスクとリターンを推し量るところまでが限界であり、たとえ AI が発達して行動案に評価をつけ、提案するような機能が備えられたとしても、最終的に実行する行動案を選ぶのは、経営部門に属する人自身である。

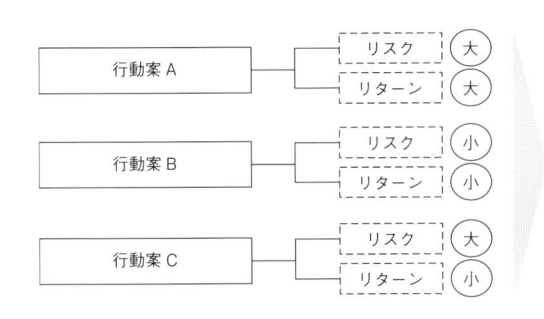

図 3-3　リスクとリターンの予測、比較、選択

(3) ビッグデータ以降のデータ分析

　意思決定とデータ分析との関係は、ビッグデータによってさらに複雑化している。ビッグデータにより、一人の人間が認知できる範囲のデータの量を遙かに超えるデータが使えるようになった。またそれにともなって、分析手法の多様化、ビジネス環境の複雑性から統計モデルも複雑化が進んだ。1.6 節でも見たように、取り扱うデータやモデルについて、やらなければならないことが経営部門のコントロールできる容量を超えてしまい、分担された結果、経営部門はこれまで主体的に行っていたデータ分析を手放し、「データ利活用」という言葉で曖昧に語られる他部門との関係性に依存しなければならなくなった。

　ビッグデータ以前も予測は行われていたが、企業経営においてはデータと合わせて経営部門の勘と経験も重要な要素であった。手元にある限られたデータと統計的な手法を用いて、目先の将来を推し量るような経営者や意思決定者も確かに存在していたが、現在に比べてデータを頻繁に利活用することが一般的だったとは言い難い。業務がデジタル化されていない状況では、電子的なデータが十分に生み出されるわけでもなく、帳簿なども紙面に記録されたものであったため、コンピュータに読み込ませて処理を行うまでに、相当な手間のかかる状況だったことは間違いない。

　他方、現在はコンピューティングリソースが利用しやすくなったことで、意思決定においてデータ分析を適用できる範囲が拡大している。例えば、ビッグデータを取り扱うために必要なコンピューティングリソースが、クラウド技術

により、必要な分だけ必要なときに使えるようになっている。利用料金も正確に計算され、使った分だけ支払う形も選択できる。そのため、大がかりな設備をわざわざ自社で備える必要がなくなった。オンデマンドでコンピューティングリソースが使えるようになったことは、普段は利用しないスペックへの過大な投資を防ぐことにつながり、設備管理を含むコスト面での負担が大幅に軽減されたのである。大規模なデータに対して集計・可視化を行い、データからビジネスにおける規則性を見出す方法も手が出しやすくなった。

つまり、ビッグデータでデータが大量・複雑になったことと、その反面で利用しやすくなったコンピューティングリソースをうまく使いこなすことで、経営部門がより良い意思決定を追求できる余地が広がった、ということができる。

3.1.3 経営部門をどのように支えるべきか

ここまでで、経営部門が置かれている状況、特に刻一刻と変わるビジネス環境の中で分析と意思決定を繰り返すことや、意思決定とデータ利活用の関係などを説明した。企業経営が航海にたとえられるように、絶えず変化する海（ビジネス環境）に浮かぶ船（企業）の舵取りを経営部門が担う。これから荒波が来るのか、船に損傷はなく負傷している船員はいないか、定めた航路を進むためにはどのタイミングで舵を切るべきか、などを常に考えている。このたとえは、ビジネスにおいては、市場を見渡して起こりうる事象を予測すること、自社の現在地と状態を把握すること、企業の方向性を定めることに置き換えることができる。つまり、市場を見渡して予測し、自社の現在地と状態を把握することは分析をすることであり、方向性を定めることは意思決定をすることにほかならない。

分析と意思決定に必要なデータが、必要なときに十分にあり、容易にアクセスできることが経営部門のパフォーマンスを大きく向上させる。分析や意思決定の遅れは、企業の存続を危うくすることもある。航海でたとえると、舵取りや船員が暗礁に気付かず乗り上げてしまえば船は座礁し、航海の継続が不可能となる。また、事前に座礁することに気付いたとしても、すでに手遅れなときもある。当然ながら、手遅れになる前に手を打っておけば、このような危機や

事故は避けられる。

　ビジネスにおいても同様で、危機を早めに察知し、適切な対処法を早めに決めておくことが有効である。つまり、経営部門には、分析と意思決定を適切なタイミングで行うことが求められる。そのため、分析と意思決定に必要なデータがすぐに利活用可能な状態にあることが、経営部門にとって極めて重要である。

　しかし、データを揃えて利活用可能な状態にすることを、経営部門が自力で行うことは現実的に難しい。経営部門は、市場と自社に関して広い範囲を知る必要があるが、細部を深く知るには労力も時間も要する。第 1 章で触れたように、データ利活用において機能は必然的に分化する。経営部門には経営部門の持ち場、他の部門には他の部門の持ち場がある。分析や意思決定が経営部門の持ち場であるならば、データを揃えたり生み出したりすることはオペレーション部門の持ち場であり、そのデータを加工して溜め込み、必要なときに必要な形で利活用できるようにすることが情報システム部門の持ち場である。

　経営部門の分析と意思決定を支えるのは、データ利活用の機能を担うオペレーション部門と情報システム部門である。オペレーション部門がデータの収集・生成を実現し、情報システム部門がデータの加工・蓄積を実現することで、分析と意思決定を支える。それぞれの役割を一言で表現することは簡単であるが、実際には複雑で密な連携が必要となる。どのようなデータが必要となるかを把握するためにコミュニケーションをとり、互いに連携することでイメージを共有する。経営部門が想定するデータに仕上がるまで何度もつくり直すということも珍しくない。

　また、オペレーション部門と情報システム部門が経営部門に提供するのはデータそのものだけではない。そのデータに関する当該部門の視点や背景知識の提供も求められる。データに関する他部門の視点が無いままに、データが経営部門の手に渡っても、経営部門は即座に分析や意思決定に結びつけられないからである。経営部門が市場や自社、特に現場で起こっていることを細部にわたって自身の目で見て知る機会は限られており、現場の活動を担うオペレーション部門や情報システム部門からの伝聞に頼って情報を得ていることも多い。そのような状況であるため、データに関する各部門の視点、そしてデータ利活用の進め方について継続的にコミュニケーションを図ることが各部門に求

められる。

ところが、データ利活用に関わるコミュニケーションに対して、各部門がコストを十分に投入できるかといえば、そうではない。2.1.1 項で説明したように、実際は、三部門がコミュニケーションや視点の共有にコストを費やすことは難しい。既存のビジネス上のミッションを果たすことで精一杯だからだ。そうすると、時間の経過とともにそれぞれの認識にずれが生じ、拡大する。この悪循環はやがて、データ利活用がうまくいかない原因となる。

さらに、技術的な課題もある。分析に用いるデータを取り扱うことに対して各部門が十分な技術をもっているかどうかは状況による。例えば、情報システム部門は、データを取り扱うことに長けているような印象を一般的にはもたれるが、システムの機能を実現し維持することに使われるデータと分析に用いるデータとでは、求められている量や形式も、さらには正確さも異なる。データ利活用における機能を果たすことを求められても、求められる水準でその役割を果たせるとは限らない。

このような状況下で、データエンジニアが重要な役割を果たす。データエンジニアが、経営部門、オペレーション部門、情報システム部門が十分に対処することができない課題を引き受けるのである。2.2 節で示したように、データエンジニアの主な役割はコミュニケーションの一本化と、各部門のデータ利活用上の機能の代行である。特に経営部門に対しては、経営部門が分析や予測において必要とするデータを収集・加工し、データに関するさまざまな疑問や確認事項については、あらかじめ調査済みの事項は即座に答える。もし知らなければ、オペレーション部門や情報システム部門に問い合わせて整理した上でデータ分析者に伝える。これらの活動をスピード重視で実施することが、データエンジニアの経営部門への重要な貢献である。以下ではこの活動をより具体的に整理する。

3.2 経営部門が獲得すべき視点、提供すべき視点

3.1 節では、経営部門が背負うビジネス上のミッションは企業目的の設定と達成であり、そのために分析と意思決定を繰り返すことを述べた。分析と意思

決定が経営部門のデータ利活用における機能であり、この機能は他の部門の支えなくして実現できないことを指摘した。他の部門の支えとは、経営部門が必要なときに十分なデータに容易にアクセスできることの実現である。具体的には、オペレーション部門がデータを収集・生成し、情報システム部門がデータを加工・蓄積することを指す。さらに、単にデータを提供すれば十分というわけではなく、経営部門がデータを適切に取り扱えるように、オペレーション部門と情報システム部門は自身の視点を提供する必要があることにも触れた。

　本節では、データ利活用において各部門が提供する視点が経営部門にとってなぜ重要なのか、言い換えれば、なぜ各部門はそれぞれの視点をデータ利活用の場に持ち寄る必要があるのか、その理由を述べる。まず、オペレーション部門の視点であるデータの生成機序を獲得すべき理由を、次に情報システム部門の視点であるデータ基盤の仕様を獲得すべき理由を、最後に経営部門自身の視点である分析の目的を提供すべき理由を説明する。データ利活用において各部門が視点を提供する理由を明らかにした上で、データエンジニアが担う業務の必要性や実際に実行する内容を説明する 3.3 節へとつなげていく。

3.2.1 データの生成機序を獲得すべき理由

CASE ある商品の週次売上データを見たとき、緩やかなトレンドの変化と大きな季節変動が見えるのが普通だが、ここに階段状に変化する不連続点を発見した。例えば、競合他社が新製品を投入したときには、自社の商品の売り上げが一時的もしくは継続的に下がることがある。また、全国展開しているチェーン店の売上ならば、その日を境に、例えば関西圏でのある商品の販売を他の商品に切り替えたのかもしれない。さらには、その日を境に商品の集計単位を変更しており、これまで同じ商品として取り扱っていた複数の商品を、それぞれ別の商品として集計する方法に変更したのかもしれない。いずれにしても、なぜそのような変化が起こったのかを調査し、理解しなければ、このデータを使用することはできないし、もし変化の要因を知らずに意思決定に使ったとすれば、その意思決定は間違ってしまうかもしれない。

CASE とあるコンビニエンスストアチェーンの商品販売データに購入者の年齢層が紐付いているのだが、ある特定の店舗についてある日を境に年齢層の分布が変化し、中年層が増え、高齢者がほとんど訪れなくなった。そこで当該店舗には高齢者向け商品を減らし、若年層から中年向けの商品を拡充して売上増を狙ったのだが、その意思決定は失敗し、売上を大幅に落としてしまった。この意思決定の何が問題だったのかを調査したところ、当該店舗のレジについて店員への注意書きの紙が高齢者をカウントするボタンと干渉して押しにくくなっており、店員は仕方なく高齢者の顧客に対して他のボタンを押して対応していたことがわかった。

このように、分析や意思決定にデータを活かすためには、データの性質や特徴、変化への理解が欠かせない。データの性質や特徴をよく理解し、その扱い方がわかれば、誤った使い方を防ぐことができる。また、何か変化が起こったときにはその理由を想像することができ、その変化が分析の目的と照らし合わせて不要であれば、適宜省いて有効な部分だけ使うという対応も可能となる。さらに、データの性質や特徴をよく理解していれば、目的とする分析や意思決定に対して手元のデータだけで十分かを判断することも容易になる。

初めて扱うデータの性質や特徴を、ヒントが何一つないところから発見することは難しい。このヒントとして最も有効なものが、オペレーション部門がデータ利活用において視点として提供できる「データの生成機序」である。データを分析や意思決定に活かす経営部門は、データが生成される現場やその生成の仕組みに関して全てを細かく把握しているわけではない。なによりデータが多すぎて全てを把握し尽くすことは困難であるし、経営部門のビジネス上のミッションは企業目的の設定と達成であり、データが生成される外部とのコミュニケーションではない。したがって、どのようにしてデータが生まれたか、なぜこのようなデータが生み出されているか、このデータはどのような現象を表現しているのかを、明確に詳細に知ることができないのである。

データの生成機序を経営部門が把握するには、オペレーション部門の視点であるデータの生成機序に関する情報を提供してもらえばよい。実際には、データの生成機序を提供された情報だけで自身の視点として取り込むことが難しい

場合もある。そのため、データの生成機序を深く理解するために、データが生成される現場に赴き、実際に自分の目でデータが生まれる状況を確認することは非常に有効である。経営部門は意思決定を行うためにオペレーションの現場をよく知る必要があるというのは、このように現場で何が起こっているか、どのようにデータが生成されているかを知ることで、適切なデータから正確な情報を得て、より確からしい意思決定をしたいからである。

ただし、具体的にこれを継続的に実行するのは非常にコストがかかる。経営部門がオペレーションの現場と密にコミュニケーションを行うことは重要なのだが、それは経営部門が実施するミッションの一部なので、こればかりに時間をかけるわけにはいかない。

3.2.2 データ基盤の仕様を獲得すべき理由

CASE 経営部門が自社の 24 時間操業の工場の運転を最適化したいと考え、従業員の就業状況を労務管理システムから、生産機器の稼働状況を生産管理システムからそれぞれ取り寄せ、突き合わせてみたところ、平日は両者がほぼ相関して推移するが、休日の前後で大きく乖離していることを発見した。そこで、各システムの担当者に照会したところ、労務管理システムと生産管理システムとで一日が始まる時間が異なることを発見した。その修正を試みようと思ったが、時間単位でのデータはログとしては残っているものの、すぐには使える状況に無く、突き合わせに時間を要した。

CASE 自社の顧客基盤システムを担当する部署から過去数十年分の顧客満足度調査の結果を取り寄せ、表計算ソフトで読み込みグラフを作ろうとしたところ、ある年代より過去のデータでは一定の確率で欠損が発生していることがわかった。そこで、データを詳しく観察したところ、0 点から 10 点までの数値が入っているはずのカラムで、欠損値のある年代以前のデータに 10 点が存在しないことがわかった。担当部署に確認したところ、問題が発生している古いデータは情報システムには入っておらず、

CSV ファイルでストレージに残されていたものだとのことで、それを確認したところ、欠損箇所には「A」という文字が入っていた。おそらくこの CSV ファイルでは、「A」は 10 点のことを表すのではないかと思うのだが、今ではこの仕様を知る人はおらず、仕様書を探すにもかなり時間がかかりそうだ。

- -

　分析と意思決定においては、データの生成機序と同様に、データ基盤の仕様を経営部門が理解することが欠かせない。データ基盤の仕様は、データの加工・蓄積を実現するために、データ基盤を設計、実装、管理する情報システム部門がもつ視点である。データ基盤の仕様には、どのようなデータがどのようにその組織内で流通しているか、データがどのように管理され、どうすればデータにアクセスできるかといった情報が含まれる。

　経営部門がデータ基盤の仕様を十分に理解していない場合、必要なデータにたどり着くことに時間を要してしまう。まず、社内にどのようなデータが存在するか見当をつけることができないので、都度、情報システム部門に確認する必要が出てくる。さらに、どのシステムにアクセスすれば該当のデータが入手できるかを把握していなければ、その所在についても都度情報システム部門に確認をとらなければならない。

　データにたどり着いてからも注意が必要である。データはそれだけで意味をもつものではなく、そこに記されている数値や文字列が何を意味するのか、つまりデータの定義がわからないと、データを情報に加工することはできない。特に複数のデータソースからデータを集め、何らかのルールで結合する際は、不整合に注意しなければならない。上で挙げた例のように、システムや格納場所、年代などが違うと、データの定義と一致しない可能性がある。

　また、データに基づいて分析や意思決定を行う際、データから得られた情報もしくはデータそのものを報告資料やプレゼンテーション資料に含める場合がある。データや情報、またそこから得られた知識がどの程度秘匿しなければならない情報なのかを知らなければ、これも都度情報システム部門に確認することとなる。

　これらの作業を効率的に行うには、経営部門と情報システム部門との緊密な

コミュニケーションが必要となるのだが、難しさもある。経営部門にとって
データ基盤の仕様を理解することは重要であるが、それを継続的に確認し、詳
細に追い続けることは難しい。これは経営部門が企業目的の設定と達成という
ビジネス上のミッションを果たすことを優先しているからという理由だけでは
ない。データ基盤の詳細な仕様には、経営部門が耳慣れないような情報処理に
関わる技術的な用語や概念が多く含まれることも要因である。

3.2.3 分析の目的を提供すべき理由

　経営部門が分析の目的をオペレーション部門や情報システム部門に提供する
主な理由は、分析や意思決定に利用したいデータがどのようなものか、その
データがどのタイミングで必要になるかをオペレーション部門や情報システム
部門に理解してもらい、協力を得られるようにするためである。オペレーショ
ン部門が分析の目的を理解することにより、現場で収集・生成しているデータ
がどのように使われるかイメージをもつことができる。さらに、オペレーショ
ン部門が分析や意思決定に資する可能性が高いデータを自ら提示できるように
なるというメリットもある。情報システム部門が分析の目的を理解することに
より、データに施すべき加工や蓄積すべきデータが予想できるようになる。例
えば、すぐに必要になる可能性の高いデータと、使われる頻度やすぐに使われ
る可能性が低いデータを仕分けて保管し、必要なときに必要なデータだけを取
り出せる仕組みやデータの構成を構築することなど、あらかじめ経営部門のリ
クエストに対応するための準備ができる。

　しかし一方で、これらの情報はオペレーション部門や情報システム部門に
とっては直接そのミッションに影響する情報ではない。将来的には経営部門の
意思決定によって影響を受ける可能性はあるが、間接的であるためにあまり重
要視されないことがしばしばある。さらには、分析の目的は複数の選択肢の将
来を予測することであるが、実行されるのは通常一つだけであり、結果として
選ばれなかった選択肢に対して投入したコストはムダになるようにも思えてし
まう。さらに、モチベーションの問題も存在する。オペレーション部門や情報
システム部門にとっては、分析の目的は共有されてもそこにコストをかけるモ
チベーションにはなりにくいのが実情である。

3.3 データエンジニアと経営部門の協働

3.2 節で述べた問題点を踏まえると、経営部門と他部門との間の橋渡しが必要となる。そこで、データエンジニアが各部門間のコミュニケーションを一本化することでその橋渡しの役割を担う。三部門の視点を集約して再構成することで、データが企業内で十分に利活用されるようになるのである。以下では、データエンジニアが部門間のコミュニケーションを一本化して、視点の集約と再構成を行うにあたって必要な考え方や取り組みについて説明する。

3.3.1 データの生成機序を獲得し、分析と意思決定に活かす

データエンジニアは経営部門とオペレーション部門との間に入り、データ利活用に関するコミュニケーションを仲介する。具体的には、経営部門がデータ分析の過程で必要となるデータの生成機序に関する視点を先回りして獲得し、それを継続してアップデートしておく。これにより、経営部門のデータ分析に関する疑問に答え、オペレーション部門の対応を肩代わりすることができる。データを適切に分析や意思決定に活かすには、データの生成機序を両部門の共通認識とすることが必要不可欠である。

データの生成機序をオペレーション部門と経営部門の共通認識とするために、データエンジニアは効率的なコミュニケーションを実現する必要がある。できるだけ正確にデータの生成機序を理解し、必要に応じてオペレーション部門に問い合わせたり、現場に出向いて確認したりできる体制を整えておく必要がある。ただし、全てのデータについて毎回詳細を問い合わせるのではなく、オペレーション部門のミッションをなるべく妨げないように配慮しつつ、必要なことは対応してもらえるよう、日頃から良好な関係性を築いておくべきである。

理想的には、経営部門がデータ分析を実施する際に発生するさまざまなデータに関する疑問に、データエンジニアが全て答えられるとよい。データ分析の過程では、データの生成機序や仕様についてさまざまな疑問が生じ、それらは統計モデルの構築や予測結果に影響を与える。日頃からデータをよく観察し、オペレーション部門と事前に十分なコミュニケーションをとっておくことで、疑問

に即答できるのが理想である。また、もし即答できない場合でも、なるべく短時間で調査し、その結果を報告できることが望ましい。経営部門の意思決定は時間が限られている場合が多いため、返答に要する時間と正確性に関するリスクとを適切に評価し、回答を伝えられるとよい。

また、データエンジニアは経営部門が効率的に分析するために、頻繁に利用されるデータは自分たちで確保しておくことも有効である。長期的に継続して利用されるようであれば、情報システム部門と連携してデータマートなどを構築するのもよいが、そこまでいかないまでも、よく利用されるデータを先回りして用意しておくと経営部門からの評価を高められる。

3.3.2 データ基盤の仕様を獲得し、分析と意思決定に活かす

データエンジニアは経営部門と情報システム部門との間に立ち、データ利活用に関するコミュニケーションを仲介する。これにより、経営部門はデータエンジニアを通じてデータ基盤の仕様に関する視点を獲得できるようになる。データエンジニアは、経営部門がデータ利活用に必要な情報システム部門のもつデータ基盤に関する専門知識と、各データの仕様を理解し、継続的にアップデートしておく。そして、情報システム部門の代わりに経営部門に対して視点を提供し、データ利活用に関する作業を実施する。このように、データエンジニアは技術的な詳細とビジネス目標の間で翻訳者として機能し、両部門間のコミュニケーションを円滑にする役割を担う。

データエンジニアは、データ基盤の仕様に基づいて既存のデータを加工・蓄積している機能にどのような課題があるか、どのように改善することができるかを議論する。経営部門はこれをもとに、より多くのリソースをデータ基盤に投入するか否かを判断し、データエンジニアと情報システム部門はデータ基盤が抱える課題の解決や改善に取り組むことができる。データ基盤の改善は、データ分析と意思決定にも影響するため、この議論は経営部門にとっても重要なことである。

データ基盤の機能を拡張することやそれにかかるコストの最適化は、データ利活用の継続そのものにも関わることである。データエンジニアは、特定の部門に不利益が集中しないように、利害の調整を行いながら、解決すべき課題の

優先順位を設定することで順次対応する。例えば、インターネットを介して提供されているデータがあり、オペレーション部門が手動でそのデータをダウンロードしているような場合、データエンジニアは、この業務を効率化することの優先度が高いと判断し、投入するリソースを決める経営部門と実装を担当する情報システム部門の都合を調整しつつ、自動で定期的にデータ基盤へダウンロードされるような仕組みづくりを促すことができる。API（Application Programming Interface）[2]で自社のデータ基盤と接続することが可能である場合もあり、さらにダウンロードが効率的に実現できるが、データ基盤の仕様に含まれるセキュリティ要件を満たす必要があるため、情報システム部門との連携が不可欠となる。

ほかにも、データエンジニアと情報システム部門が共同でデータ基盤の仕様に関するドキュメントを作成すれば、データの生成機序を考慮した内容を盛り込むことができる。また、セキュリティやプライバシーの保護に関する法規制や社内の懸念に関する情報をデータエンジニアと情報システム部門の両者が常にアップデートし、互いに共有し合い対応策を協議することによって、法規制への適応力やリスク管理能力が向上する。データに関わるセキュリティが向上すれば、不正な利用の防止につながる。特に顧客データが扱われる場面では、データ基盤のセキュリティが信用できるものであることによって、経営部門やオペレーション部門は過度にリスクを気にする必要がなくなり、分析や意思決定、外部とのコミュニケーションに集中することができる。

3.3.3 分析の目的を提供できる形にする

3.2.3 項でも触れたが、経営部門が提供する分析の目的は、オペレーション部門や情報システム部門にとって重要なものである一方で、必ずしも外部とのコミュニケーションや情報処理との関わりが直感的にわかるような形で提示されているわけではない。また、データエンジニアは、分析と意思決定を、経営部門とだけ議論するトピックだと捉えてはならない。分析と意思決定に活用さ

2）　ここでは簡単に、提供されているサービスと自社の基盤をつなぐための接続口と考えていただきたい。

れるデータは、オペレーション部門で生み出され、情報システム部門で加工・蓄積されるものである限り、分析と意思決定は両部門にも関わるトピックである。

したがって、データエンジニアは分析の目的がオペレーション部門と情報システム部門の獲得すべき視点であることを常に意識する必要がある。分析の目的をデータ利活用に適用できる形で再構成しつつ、定期的に共有・更新することが求められる。このようなコミュニケーションを通じて、各部門のメンバーが企業目的をどのように達成するか、企業目的の達成に対してデータ利活用がどのようなメリットをもたらし、自分はどのような貢献ができるかを考え、行動を起こす契機を得ることができる。

そのため、データエンジニアはまず、分析の目的を自身の視点として取り入れる必要がある。企業ごとに、顧客に提供する価値、具体的には製品・サービスは異なり、それに応じて分析の目的も変化する。また、企業が個々の状況に応じて設定する目標や優先事項、業界ごとの慣習やルールをデータエンジニアが十分に理解することは、データ利活用をより現実に即した取り組みとして前進させ、継続するための一つの条件だといえる。例えば、小売業における分析の目的は、在庫管理の最適化、顧客の購買傾向の特定、製品やサービス提供の運用効率の改善、売上と顧客満足度の最大化などが例に挙げられる。一方、インターネット上で提供するサービスを営むような業態の場合は、在庫を管理する必要はないが、サービス提供に関わるリソースが最適化されるような仕組みをつくることが分析の目的として設定されることがある。具体的には、アクセスが集中したときを考えてサーバを増強するか、アクセス数に応じてリソースの増減を自動的に行ってくれる仕組みを導入するかを検討するための分析などがその具体例となる。データエンジニアは、業界、企業、および各部門が直面する状況や課題に応じて柔軟にアプローチを変える必要がある。

さらに、データエンジニアは、分析の目的に基づいて、必要となるデータのラインナップとそれらのデータがどのタイミングで必要となるかを予測することでもデータ利活用に貢献できる。データエンジニアは、オペレーション部門との協力によって、社内に存在するデータや外部にあるが取得可能なデータを事前にリストアップし、経営部門に提供可能なデータを把握させる。そして、

経営部門のリクエストに応じて適した形に調整した後、すぐに提供する。情報システム部門と協力し、ドキュメントだけでなく、データカタログなどをデータ基盤に備えることを企画すれば、データのラインナップやそれぞれのデータに関する説明、そして蓄積されたデータを手元にダウンロードするための窓口がシームレスにつながり、分析や意思決定の要求するスピードを満たすことがより容易になる。以上は、データエンジニアと各部門の協力で実現できる取り組みの例だが、いずれも明確に分担が定められているものではなく、また手順や成果物が定められるようなものでもない。データエンジニアが主導するこれらの取り組みは、明確な責任によって駆動されるものではなく、データ利活用における三部門の視点に基づいて、今やるべきことは何かという自発的な動機によって駆動されるものである。データエンジニアはコミュニケーションを通じて、その視点を提供するのであるが、それと同時に各部門をデータ利活用の取り組みに巻き込んでいくことが期待される。

第4章 オペレーション部門との コミュニケーション

　本章では、データエンジニアがオペレーション部門とどのようなコミュニケーションを行うべきかについて詳述する。

　まず 4.1 節では、オペレーション部門のビジネス上のミッションとデータ利活用における役割を示し、その実態を概観する。次の 4.2 節では、データ利活用においてオペレーション部門が経営部門および情報システム部門とどのようなコミュニケーションを行う必要があるかを述べる。最後に 4.3 節で、データエンジニアがデータ利活用を活性化させるために、オペレーション部門をどのようにサポートするかを示す。

4.1 オペレーション部門の役割

　私たちは日々の暮らしのなかで、さまざまな企業が提供する製品やサービスを購入または利用し、生活をより豊かなものにしている。また、企業間取引においてもさまざまな製品やサービスがやりとりされている。例えば、原材料を仕入れ、機械を購入し、それらをつなぎ合わせて加工し、製品として販売するなど、企業は外部の人や企業、サービスとさまざまに連携しながら、自社の価値を供給している。本書では、企業組織の中で特にこれらのような外部との接点にある部門のことを、「オペレーション部門」と呼んでいる。具体的には、営業部門、製造部門、サービス窓口の部門などがこれに該当する。

　オペレーション部門は企業活動において非常に多くのリソースを投下する部門であり、また企業外部との窓口となるため、読者の多くはオペレーション部門に所属していたり、または利用顧客や取引相手としてオペレーション部門と接したりした経験が多いと思われる。ここでは、データ利活用の観点からオペレーション部門を捉え直し、データエンジニアとしてどのようなコミュニケー

ションが求められているのかを考えてみよう。

4.1.1 外部とのコミュニケーションとは

　オペレーション部門がもつビジネス上のミッションは、外部とのコミュニケーションである。1.5.2項で示したように、オペレーション部門とは日々の業務を実際に遂行する部隊であり、そこに含まれる製品の製造やサービスの提供、販売、顧客対応、資材の調達といった多くのオペレーションプロセスを担当する。これらは自社組織以外の利害関係者とのコミュニケーションで成り立っているため、本書では一括りに「外部とのコミュニケーション」と表現している。オペレーション部門のミッションは、経営部門からの指示に基づき、外部の全ての利害関係者とのコミュニケーションを円滑に遂行することにある。

　なお、「コミュニケーション」は、一般的には、個人や組織が情報をやりとりすることを指すが、本書ではオペレーション部門が行う外部とのコミュニケーションには情報だけでなく「財」のやりとりも含む。情報や財のやりとりは、オペレーション部門から見れば、製品を製造・販売することや営業活動、広告の出稿、サービス提供などを意味する。また、企業から外部への一方的な働きかけだけではなく、外部からの反応（売り場での会話やアンケート、SNSを通じたフィードバックなど）も含まれるため、双方向に行われる意味も込めて「コミュニケーション」と表現している。

　外部とのコミュニケーションをより具体的に理解するには、「バリューチェーン（Value Chain, 価値連鎖）」（Porter, 1985）の概念を用いて分類すると理解しやすい。バリューチェーンは、業務が単一の機能で完結するものではないという前提に立ち、それぞれの業務を担う、さまざまな部門や、場合によっては他の企業も連携し、価値創出を連鎖させて行うものだと捉える概念である。一般的には、製品やサービスを顧客に提供する際の一連の活動を分析し、理解するためにこのバリューチェーンの概念を用いるが、本書では外部とのコミュニケーションの分類や具体例として捉えてみよう。

　Porterが提唱する、バリューチェーンは主活動と支援活動で構成されている。主活動は、購買物流、製造、出荷物流、販売およびマーケティング、アフ

ターサービスで構成される。主活動の構成要素は、製品やサービスが創造・企画されてから顧客に実際に提供されるまでの流れに直接関わる活動である。支援活動は、全般管理、人事および労務管理、技術開発、調達で構成される。支援活動の構成要素は、主活動を支えるものであり、生産から消費までの流れに直接関わる活動ではない。また、主活動は、購買物流から順に行われていくものであるのに対して、支援活動はそれぞれに並行して行われる。これらを表4-1 に示す。

このうちオペレーション部門と想定しやすいのは、主活動を担う部署および支援活動の中の調達部署である。しかし、データ利活用の観点から整理する場

表 4-1　バリューチェーンの構成要素（Porter, 1985）（筆者一部修正・加筆）

分類	構成要素	活動の概要
主活動	購買物流	原材料や部品の調達、それらの提供者（サプライヤー）の管理など、生産に必要なインプットの入荷、保管、分配に関わる活動。
	製造	購買物流の過程で得たインプットが製造、組立、テストを通じて製品に変換される活動。
	出荷物流	製品を顧客に配送するための包装、保管、輸送などの活動。
	販売およびマーケティング	製品やサービスの宣伝および販売、顧客との関係構築に係る活動。
	アフターサービス	販売した製品の価値を高め維持するために行われる顧客サポートやメンテナンスなどの活動。
支援活動	全般管理	バリューチェーン全体の機能を促進する管理、計画、財務、会計、法務サービスなどの活動。
	人事および労務管理	人事管理は、従業員の採用・育成・配置・評価の策定や運用などの活動。労務管理は従業員の雇用条件の整備や労働契約の管理、勤怠管理や給与計算、社会保険の手続きなどの活動。
	技術開発	主活動を支援するための研究開発、技術革新、技術獲得を含む活動。
	調達	主活動に必要な物品、サービスの購買、サプライヤーの評価、サプライヤーとの交渉などの活動。

合、他の支援活動を行う部署も「データの入口」と見なすことで、オペレーション部門と考えることができる。例えば、技術開発は大学や政府などとのコミュニケーションが外部とのコミュニケーションとして理解されやすいが、場合によっては実験設備や科学技術そのものを企業の外部と捉えて考えてもよい。また、人事および労務管理については、従業員そのものをステークホルダーと考えれば、これも外部とのコミュニケーションと見なすことができる。さらには全般管理についても、管理自体は経営部門等が行っているが、その結果として現れた財務・会計等の各種指標を外部からの視点と見なしたり、内部管理用のさまざまなオペレーションをコミュニケーションと捉えたりすればよい。つまり、データ利活用の観点では、全てのデータの入り口は外部と考えると理解しやすい。

最後に、この部門の評価軸について述べる。オペレーション部門が行う外部とのコミュニケーションは、その効率性が評価軸となる。例えば営業担当ならば、より多くの契約をとる、費用対効果の高い契約をとる、より大きな契約をとるなど、投入する人材や時間に対して売上や利益の大きい契約を獲得することが望まれるのが一般的である。製造担当の場合、より少ない原材料、より少ない人員で、より多くの商品を生産する、高付加価値の商品を生産するなど、こちらも費用に対して効果の大きい対価を獲得することが評価軸となる。効率性を売上や利益の期待値とその分散の二軸で評価する場合も、より大きな期待値と、より小さな分散を求めて効率化を図ることが、オペレーション部門の評価軸である。

以上をまとめると、オペレーション部門のミッションは外部とのコミュニケーションであり、それを効率化することがオペレーション部門の評価軸となる。

4.1.2 データの収集・生成

では、オペレーション部門のデータ利活用における立ち位置はどのようなものか。

(1) データの入口であること

オペレーション部門は企業において全ての外部との接点を担っているという

点で、データエンジニアの観点、データ利活用の観点から見れば、全てのデータの入り口となっている。

　オペレーション部門が具体的にどのようなデータの入り口となるかは、先に挙げたバリューチェーンの構成要素ごとに観察するとわかりやすい（表4-2）。

表 4-2　活動ごとの生成データ例

分類	構成要素	生成データ例
主活動	購買物流	サプライヤー情報（連絡先の詳細、パフォーマンス指標）、発注書の詳細（数量、コスト、納期）、在庫数と回転率、出荷および輸送コスト
	製造	生産スケジュールとタイムライン、作業員配置、品質管理指標（生産数、歩留率）、機械稼働率のデータ、原材料の消費量と在庫
	出荷物流	出荷スケジュールとルート、倉庫の容量と利用率、輸送手段とコスト、配送時間
	販売およびマーケティング	売上データ、顧客統計データ、購買リードタイムとコンバージョン率、マーケティングキャンペーンのパフォーマンス指標、顧客からのフィードバックと満足度
	アフターサービス	顧客ごとの購買または契約に関する情報、購入者向けサイトの管理情報、購入商品のメンテナンスに必要な情報（修理履歴等）、トラブル対応に関する記録、コールセンター、購入者相談窓口の記録
支援活動	全般管理	財務諸表（損益計算書、貸借対照表）、経営計画文書および予測、総務データ（施設管理、オフィス経費）、コーポレートガバナンスに関わるデータ
	人事および労務管理	従業員プロファイル（個人情報、職務）、給与および福利厚生データ、従業員の就業記録、従業員のパフォーマンス指標と評価
	技術開発	研究開発データ、プロジェクトのタイムラインとマイルストーン、知的財産の記録（特許、著作権）、イノベーションと技術採用の指標
	調達	サプライヤーのパフォーマンスデータ、調達コスト、契約および交渉記録、調達品目の保証内容

上でも述べたが、組織としてオペレーション部門を想定する際は、まずは主活動を担う組織を想定するとよい。バリューチェーンは価値の連鎖であると同時に、データや情報を生み出す活動の連鎖としても捉えられる。例えば購買物流においては、原材料の調達やサプライヤーの管理などでさまざまな帳票が作成される。デジタル化が進んだ現代において、これらの帳票は電子データとして作成・送受信・保管されるケースがほとんどである。製造の活動には、例えば製造ラインの機械同士が通信するための M2M（Machine to Machine）データが生成される。出荷物流に関しても、滞りなく確実に製品を届けるためのシステムが組まれており、輸送を追跡するための位置情報を含むログデータが生成される。販売およびマーケティングにおいては、製品の宣伝、広告がテキストのデータだけではなく、画像や音声、動画などのコンテンツが保存されて送受信され、メディアを通して顧客に表示されたり、先に例示したように店舗販売においては販売履歴がデータとして保存されたりする。アフターサービスにおいては、どの顧客に何を販売したかを特定するところが起点となるため、レシートや帳票の形でデータが生成・管理され、顧客サポートやメンテナンスなどの活動に活用される。

また、支援活動を担う部署でもオペレーションに相当することは各所で行われているので、データ利活用の観点ではそれらもオペレーション部門と同様に考えると理解しやすい。例えば人事労務管理のデータには、具体的にどのオペレーションにどれだけの人的資本を投入したかが記録されており、それぞれがどのようなスキルをもち、どのような掛け合わせが行われているかもわかる。最近では社内のコミュニケーションネットワークを可視化し、人材交流に役立てるために、社内コミュニケーションツールのログデータを有効活用しようというアイデアも見られる。

一方で、外部とのコミュニケーションを行っていれば、必要な全てのデータが自動的に生成・収集されるわけではない。自動的に生成されるデータもあれば、主体的に調査・収集しないと観測できないデータもある。事象の観測と記録には、人間の観察・思考・創造の結果が反映される手動のデータ入力や資料作成、機械を通じて事象を何らかの形に切り取るセンシング、撮影、録音などが含まれる。事象の観測と記録によって生み出されるデータは、数値で表され

るものもあれば、文章で表現されるもの、写真や動画、音声などで表現されるものもある。そして、これらのデータは収集・生成されたそのままの状態で利活用できることは決して多くはないことも留意してほしい。4.2.3項で詳しく説明するが、これらのデータ単体では情報の断片として意味を成さず、加工・集計を施して意味をもつようにする、すなわち情報に変換する過程が必要となる。この過程はオペレーション部門単独で実施するよりも、経営部門や情報システム部門の協力の下に実施するほうが利活用の範囲は広がる。よって、オペレーション部門は収集・生成したデータを情報システム部門や経営部門に提供し、代わりにその結果としてオペレーションの効率化を受け取るのである。

このように、外部とのコミュニケーションに伴って生み出されるデータは、製造やサービス提供の手続きにおいて、また部門間の調整において一時的に使用されるだけではなく、企業の情報システムに蓄積され、分析や意思決定に活かされ、オペレーション部門に戻ってくる。「データ利活用」という言葉には、このようなデータの使い方が想定されている。本来のオペレーションを行う上で発生または収集するデータを、そのオペレーションの改善や企業組織全体の効率化のために利用することを指す。

よって特に、オペレーション部門にはデータ利活用に貢献するための動機がある。外部とのコミュニケーションから生み出されたデータを分析することによって、例えば営業活動においてどのような条件が揃うと顧客と良い関係を築く傾向にあるのか、逆に顧客との関係が悪化する原因は何か、ヒントを得ることができる。また、製造の現場では、製造機器にエラーや故障が生じやすい条件や、歩留率と作業員配置との関係などをデータから見出すことができる。具体的な改善案を決めて外部とのコミュニケーションに反映するのは経営部門の役割であるが、オペレーション部門はその決定の影響を大いに受ける。外部とのコミュニケーションをどのように改善するかは、データ利活用の結果によって左右されるからである。データ利活用の結果として得られる知識が実現可能なもので本質を突いていれば、外部とのコミュニケーションがより円滑になる。

しかし、一方でオペレーション部門にとってはデータ利活用が重荷になるケースも多い。なぜなら、データ利活用の結果として得られる成果は間接的だ

からである。外部とのコミュニケーションで普段直接利用するデータは、その現場でその瞬間に必要であり、その瞬間の制御やその瞬間の意思決定で使われるので、必要性が現場で強く認識されるのだが、収集や観測のアウトプットが分析や意思決定を経てオペレーション部門に何らかの形で反映されるまでの過程が長ければ長いほど、そのデータにコストをかけるモチベーションが薄れてしまう。間接的であるということをもう少し深掘りすると、時間的な隔たりがあること、活用される割合が低いことなどが考えられる。まず、時間的な隔たりについては、データの収集や提供から何らかの分析がなされ、オペレーション部門に知識として返ってくるまでに時間がかかるということである。収集や観測にはそれなりのコストがかかるのだが、その成果がいつ返ってくるのかがわからなければ、収集・生成にコストを投入するモチベーションは下がってしまう。また、活用の割合については、収集し、提供したデータの中で実際に知識に変換されて戻ってきても役立つものが少ないと、収集や観測にコストがかかった割には効率化がうまく進まないなど、コストに見合う効果が得られないという印象を与えてしまうと、そのコストがどんどん重荷に感じられてくる。

　その結果、外部とのコミュニケーションの効率化に直接使えるデータはよく収集・活用されるが、それ以外のデータは放置されたり、捨てられたり、保存はされても顧みられなかったりしがちである。しかし、データ利活用において多くの場面で期待されているのは、そのような「捨てられてしまうデータ」や「今まで顧みられなかったデータ」の活用可能性を探ることである（1.4節の図1-6参照）。なぜなら、すでにオペレーションの現場で有効活用されているデータについては、わざわざ改めて利活用する必要がないからだ。「データ利活用」という言葉の裏には、これまで使えなかった、使っていなかった、使う価値がないと思われていたデータの中に、なにか使えるものがあるのではないかという期待が込められていることを念頭に置いておく必要がある。

(2) データは常に変化するということこと

　(1)で見てきたことは主にデータの静的な側面であったが、実はデータには動的な一面もあり、これがデータ利活用において非常に重要となる。

　もう一度、オペレーション部門の具体的なミッション（表4-1）や、そこで

発生するデータ（表4-2）に注目しよう。オペレーション部門は外部とのコミュニケーションを行い、これらのデータはその結果発生するもの、もしくはその結果を観測して収集するものであった。そして、外部は常に変化することにも注目しよう。消費者や外部の企業はもちろん外部であり、それらは他者であるので、私たちの意思とは無関係に常に変化する。なるべくその変化を事前に察知し、対応したいと考えるのだが、ときに予想外の出来事や、長い年月を掛けてだんだんと変わっていくような変化も起こりうる。いずれにしても、外部の変化に伴い得られるデータも必ず変化する。また、製造現場など一見外部に見えないデータの入り口についても、機械の経年変化や製造している商品の変化、労働環境の変化、気候の変化など、今ある状態が数年後の状態と全く同じとはなかなか考えにくい。

　オペレーション部門は、常にこのような変化に晒されている。ビジネスを取り巻く環境がさまざまに変化する中でも、常に効率化を追求し、変化に対応しているのがオペレーション部門である。外部とのコミュニケーションでは、新しい商品、新しいサービス、新しい価値観、新しい顧客などが常に生まれる一方で、古くなったそれらが捨てられ、非日常な事態が発生し、当たり前だったことが当たり前でなくなる。そのような状況において、外部からの情報を全く考慮せずに外部とのコミュニケーションを円滑に行うことは困難であり、それぞれの実務担当者がその権限の範囲内で考え、意思決定を行い、対応している[1]。例えば、定められた作業工程とそれを記した文書、いわゆるマニュアルが存在するような業務であっても、イレギュラーは生じるものであり、そのイレギュラーが常態となればマニュアル自体を変えなければならない。

　オペレーション部門が常に変化しているということは、そこから発生し、収集されるデータも当然変化する。データの内容だけでなく、データの仕様が変

1）　ここに意思決定、オペレーション、情報処理のフラクタル性が現れている。企業単位もしくは部署単位で見られる意思決定、オペレーション、情報処理の三角形はオペレーションの現場でも見られ、小さな意思決定は担当者個人の中でも行われている。つまり、一人のオペレーション担当者が、自分が収集したり観測したりできるデータおよび自分の経験知に基づいて意思決定をしている。一人ひとりの中に経営部門とオペレーション部門と情報システム部門があると考えてもよい。

化することもしばしばある。例えば自動車の利用について、一般消費者における自家用車の利用傾向には従来は新車購入と中古車購入しかなかったところにリースという形態が入ってきたり、さらにはカーシェアという新しい利用方法が生まれたりした。新車台数と中古車台数しか集計していなかった時代には将来カーシェアという形態が一定量を占めることは想像もしなかっただろう。当時想像できなかったということは、そのような市場に適したデータの仕様も存在していなかった。ビール市場に発泡酒や第三のビールが出現した際も同様で、新商品カテゴリの導入や、新ジャンルのサービスの誕生などの際には、データの仕様が変化する可能性がある。

　もちろん、そういった必然的な変化以外にも、故障や人為的なミスによる変化も非常に多い。経年劣化等によりセンサーが故障し、ある時点以降のデータがとれていないとか、データ入力担当者が変わったために今までと収集や観測の傾向が変わったなど、データ利活用の側から見れば重大なミスリードにつながるような変化も常に発生しうる。想定されている仕様と異なるデータが入力されればシステム的に異常を検知しやすいのだが、データは届いているもののその内容が間違っているような場合は異常の検知が非常に難しい。もちろん、起こりうるミスやエラーについては、それが想像できる範囲で対策がなされており、異常検知のプログラムが監視しているのだが、想像の範囲を超える変化についてはそれが起こりうる変化なのか、それとも何らかの不具合によるものなのか、データのみから判断することは困難である。

(3) ビッグデータとの関係

　オペレーション部門で発生したり、観測したりして収集するデータは、ビッグデータの時代の到来とともに3Vが爆発的に拡大した。この背景にはコンピュータの高性能化とインターネットによるデータを収集・保管するコストの圧倒的な低廉化がある。それに端を発してさまざまなデータを活用しようとする動きがデータ利活用における多様な製品やサービスを拡充し、それがさらにフィードバックされることによって、データ利活用環境の能力が飛躍的に向上した。そして、デジタル化されたサービスは利便性が高まり、そこに消費者が集まって加速度的にデータが増えることになった。インターネットを介した消

費者の商取引（E コマース）は 2000 年代から爆発的に広がったが、今ではインターネットで商品を購入するのはすっかり日常的なサービスになり、スマートフォンの普及によって日常生活の全てが記録され、そのデータが活用されるようになった。それらのデータはオペレーション部門を介して各企業に流れ込んでいる。例えば、地図のデジタル化を見ても、2000 年以前は遠くに旅行する際は紙の地図を持っていくのが一般的であったが、現在はスマートフォンに地図と現在位置が表示され、行きたい場所や食べたいものがどこにあるのかがすぐに検索できる。これは同時に、誰がどこにいて、何をしようとしているかがデータとして蓄積されているということである。それが個人単位で行われているので、集まれば膨大な量のデータとなって日々蓄積され続けている。

　このような状況がデータ利活用に与えた影響として、データを取り扱う専門知識、専門的な経験の必要性が挙げられる。ビッグデータ以前は、このような大量のデータを取り扱う機会がなく[2]、データを利活用したいという観点で全てのデータを目で見て確認することができた。しかし、ビッグデータ以降、データを全て目視することが困難になった。言い換えると、目視で確認できないような大規模なデータに対して、それを何かに利活用したいというニーズが高まってきた。そこで、ビッグデータを加工・蓄積するためのストレージやデータベースなどの情報システムと、それを操作するためのプロトコルが発展したのだが、これらを使いこなすには専門的な知識が必要になる。さらに、データを加工・蓄積した後も、それらを「見る」ために専門的な経験が求められる。従来はデータの全てを目視できたのに対し、ビッグデータ以降はそれが

2）　実際には、ビッグデータ以前にも大量のデータを取り扱う企業や組織は存在していたし、さほど珍しいわけでもなかったが、それらの組織はほとんどの場合データを定型業務の中で利用している。例えば、通信事業者は全ての通信のログを記録し、そのデータを使って通信品質の改善を行っていたし、インフラ事業者は自社インフラを専用の通信回線で結び、大量のデータをオペレーションに利用していた。それらと本書で論じているデータ利活用との違いは、データ利活用における明確な目的の有無である。ビッグデータ以前でも大きなデータは存在し、利用されていたが、それらは全て明確な目的のために、明確な仕様の上で収集され、決められた手順に沿って使われていた。しかし 1.4 節で示した「データ利活用」という言葉はそうではなく、明確な目的や使い道がないデータを利活用したいというモチベーションの上で使われている言葉である。

できないので、何らかの処理を行った結果しか観察できないからである。例えばある指標が変化したとき、それが本当に変化したのか、それとも何らかの不具合によって変化しているように見えているだけなのかを、統計処理後の情報を見て判断するには、統計に関する知識と事象に関する経験、そして、それらをつなぎ合わせる想像力が必要である。

4.1.3 オペレーション部門をどのように支えるべきか

オペレーション部門は、急速に変化するビジネス環境の中で、外部とのコミュニケーションとデータの収集・生成を並行して行う。現場から収集・生成されたデータは、加工・蓄積を担う情報システム部門と、分析・意思決定を担う経営部門に連携される。経営部門は、このデータに基づいて分析を行い、ビジネス環境が変化する中で外部とのコミュニケーションをより円滑に行うために、どのような施策を打つべきか、業務をどのように改善すべきかに関する意思決定を行う。このように、データが生み出す価値の連鎖は、オペレーション部門から出発し、オペレーション部門に還るのである。

経営部門は、情報システム部門を介して、加工・蓄積されたデータを受け取る一方で、オペレーション部門に対し、分析の目的に関する視点を提供する。これにより、オペレーション部門は、自身が生成しているデータがどのように活用されるかを知ることができる。外部とのコミュニケーションと並行して行っている、データの収集・生成が何に役立つかを理解することができれば、データの収集・生成に対するモチベーションを高めることができる。

情報システム部門は、オペレーション部門から受け取ったデータを加工・蓄積し、データを情報に加工することで、それを利用可能なものへと変換する。この結果は、オペレーション部門に直ちに還元されるものもあれば、経営部門を経由してオペレーション部門に還元されるものもある。情報システム部門は、これらのデータから変換された情報をオペレーション部門に提供するとともに、データ基盤の仕様も提供することが重要である。これは入力されるさまざまなデータが情報を経由して知識に変換される過程を厳密に表しており、オペレーション部門はこの仕様と合わせてデータが加工された結果を知ることで、外部とのコミュニケーションで起こるさまざまな現象をより構造化、抽象

化して観察できるようになる。

　一方、オペレーション部門は、業務知識やデータが生み出される背景、状況など、データ利活用におけるデータの生成機序と呼ばれる視点を経営部門と情報システム部門に提供する。データはそれだけではただの記号や数字の羅列に過ぎないが、そのデータがどのような背景で、どのように生み出されたかという情報と組み合わされることで意味をもち、知識へと変換できるようになる。この視点は、データを利活用する上で欠かせない視点であり、経営部門と情報システム部門がデータの生成機序を知らず、その特性や傾向を理解できなければ、例えばデータの欠陥に気付くことができず誤った分析結果を得て、間違った選択肢を選んでしまうかもしれない。例えば、3.2.1項で示した例のように、データの欠陥によって高齢者がほとんど訪れなくなったと誤った分析結果を得て、高齢者向けの商品を減らしてしまうと、売上を大幅に損ねてしまいかねない。

　このように、オペレーション部門は経営部門、情報システム部門との緊密な連携によってより良いパフォーマンスを発揮できる。しかし、各部門におけるビジネス上のミッションがデータ利活用上の機能と少しずれていることが理由となり、部門間コミュニケーションに十分なコストを投入できないことがある。そこで、3.1.3項でも述べたように、データエンジニアがその役を担うことが望ましい。

4.2 オペレーション部門が獲得すべき視点、提供すべき視点

　4.1節では、オペレーション部門のビジネス上のミッションが外部とのコミュニケーションであり、そのコミュニケーションを効率良く遂行することの重要性を強調した。外部とのコミュニケーションを行うなかで、データの収集・生成がなされることにも触れ、そのデータは情報システム部門によって加工・蓄積され、経営部門によって分析・意思決定に活かされることを説明した。データ利活用を担う三部門は、データ利活用における機能を単独で実現することはできず、他の部門からの協力を必要とする。三部門の協力によってま

ず実現したいことは、コミュニケーションを通じたデータ利活用における視点の共有、すなわち共通認識の醸成である。

本節では、データ利活用において各部門がなぜ視点を持ち寄る必要があるのか、なぜオペレーション部門がそれらの視点を必要とするのかを説明する。まず、データ利活用における経営部門の視点である分析の目的をオペレーション部門が獲得すべき理由を説明する。続いて、情報システム部門からデータ基盤の仕様をオペレーション部門が獲得すべき理由を説明する。最後に、経営部門と情報システム部門がデータの生成機序を自身の視点として獲得すべき理由を述べる。各部門がデータ利活用においてそれぞれの視点を獲得すべき理由を明らかにした後、4.3 節ではデータエンジニアの果たすべき役割を提示する。データエンジニアの役割の中心は、データ利活用に関するコミュニケーションを主導することである。そのコミュニケーションの目的は、各部門の視点を集約し、データ利活用に適用できる形に再構成することである。

4.2.1 分析の目的を獲得すべき理由

CASE 経営部門から営業部へ、詳細な訪問実績のデータを出すように依頼があった。月別の訪問回数はシステム化された営業日報で表示でき、それは経営部門も確認できるはずなのだが、それ以上のデータは営業管理システムから個人ごとに過去データを取り出さなければならない。営業活動の効率化のためと聞かされているが、このデータを具体的にどのように利用したいのかわからないので、とりあえず過去一年分のデータを担当者ごとにそれぞれ印刷して経営部門に渡そうと思う。印刷にはかなり時間がかかるし、営業先から帰ってきてから実施するので残業にもなる。この作業が本当に効率化につながるのか、それとも成績の悪い人をリストラする口実になるのか、不安である。

CASE 経営部門がインターネット広告の日次の費用対効果を確認したいということで、情報システム部門宛に自社が出稿しているインターネット広告ログの照会があったようだ。情報システム部門は日ごと、広

告 ID ごとのインプレッション回数とクリック回数を集計したデータを提供したらしい。日次で全体を集計して使用するにはこれで十分なのだが、実は広告 ID は商品担当者が広告登録時に手作業で作成しており、ユニークキーではなかった。よって、異なる商品間で意図せず同じ広告 ID が使われている場合がある。また、過去の広告 ID を使い回しているケースもある。そのため、広告毎の費用対効果の観察には、広告 ID と商品 ID を結合した ID を用いる必要がある。

分析の目的は、データの収集・生成の前提となる重要な視点である。オペレーション部門は、経営部門が担う分析・意思決定に資するデータを提示、もしくは収集・生成するよう依頼を受けることになるが、分析の目的を把握せずに経営部門が求めるデータを提供することは難しい。なぜなら、どのようなデータが目的を果たすために役立つか、目的となっている事項を説明できる解像度をもつデータは何かを知りうるのは、そのデータのもととなる事象のことをよく知っている人物に限られるからである。

例えば、上で示した営業部のデータでは、経営部門がどのような分析をしようとしているかによって提供するデータが変わる。例えば人数が少なく、個人別にどのような訪問先を回っているかを知りたいのであれば個人別の行動履歴を印刷物の形で提供されてもさほど問題はないが、大人数の場合は人別、もしくはグループ別に集計しないと全体を見渡すことができない。また、役職別、年齢階層別、もしくは社歴別など、人に紐付く別の切り口で観察しようとしている場合は、従業員のマスターデータと紐付ける必要があろう。その場合、社員 ID など簡単に他のデータと紐付けることができるカラムも合わせて出力しておくのが有効である。また、広告別の効果測定を行う場合、広告 ID ではない別の ID が存在するかもしれないし、前処理で広告 ID をユニークなものに振り直せるかもしれない。つまり、オペレーション部門はデータの身近にいるため、経営部門よりもデータの性質をよく理解しており、分析の目的に対してどのデータがふさわしいか、どのような加工が適切かを提案することができる。

新たにデータを収集する場合も同様である。分析の目的がわかっていれば、

そのためにどのようなデータを収集すればよいか、また、どのようなデータならば収集することが可能か、オペレーションの現場で最もよく事象を見ている人であれば想像が働きやすい。そのため、分析の目的を聞けばそれに対してデータの観点から適切なアドバイスができる。例えば、ある機械の診断のためにセンサーを取り付けたい場合、最初の指示では取り付けられる場所がなく断念せざるを得なかったものの、後日分析の目的をよく聞いてみると実は別の場所でもそれと同等の計測ができる、というようなケースもある。

さらに、分析の目的には、その結果を用いてどのような選択を行うかについての情報も含まれている。オペレーションの現場の改善を目的とした改善案が複数あり、それを検討するためのデータ分析である場合、その選択肢は実行可能か、実行する場合にどのような障害があるかなど、経営部門がまだ気付いていない困難や課題があるかもしれない。また、選択肢の中には過去に実行して失敗したものがあるかもしれない。

もう一つ、目的を知ることはデータの品質のためにも重要である。オペレーション部門はデータを収集もしくは生成する最前線にいるが、オペレーションそのものではなくデータ利活用のために何らかの作業を追加で行わなければならない場合、データ利活用の目的がわからなければ、そのデータがどのように活用されているかもわからず、データをとるために増えた余計な作業がオペレーションを圧迫しているように感じてしまう。これでは品質の高いデータがとれないし、データについての想像も働かない。つまり、データを利活用することがどのように自分たちのミッションに返ってくるかがわからないと、データ利活用へのモチベーションも上がらず、その結果、データの品質が下がってしまう。データが正しく実態を表すことができるかどうかはオペレーション部門の積極的な関与が不可欠であり、そのモチベーション向上のために、分析の目的を共有することは有効である。

4.2.2 データ基盤の仕様を獲得すべき理由

CASE 従業員が毎日入力する業務記録には、慣例として備考欄に記入するいくつかの決まった項目があった。しかし、業務環境改善の一

環としてその入力時間の短縮が図られ、ある時期から備考欄へは入力しないことに決まった。すると、しばらくして経営部門から、業務記録に不備があるという連絡が来た。よく確認してみると、備考欄に入力しなくなった項目のせいで集計ツールが正しく動かなくなったらしい。実は備考欄に記入していた情報は本来、入力項目として独立に作らなければならなかったのだが、システム改修のための予算がなく、やむなく備考欄に記入することで対処していたのだ。備考欄に記録されたデータはテキストから変換されて集計処理されており、数件が欠損するだけならば対処できていたのだが、全て欠損値扱いとなったために集計ツールが誤作動を起こしてしまったことがわかった。

CASE 中古品売買をしているある会社では、従業員がその中古品のスペックや状態をデータベースに入力し、その入力された情報をもとに買い取り価格と販売価格を決定しているのだが、0 から 10 までの 11 段階の状態として入力する項目が多すぎて全てを入力するのにかなり手間がかかってしまう。そこで多くの従業員はほとんどの点数をデフォルト値の 5 点から動かさず、特に気にかかったところだけ点数を増減させていた。実はそのデータは全項目の平均点のみが買い取り価格に反映される仕組みになっていたために、多くの項目の中で一部の点数が変化していたとしても、平均点としてはほとんど変化がないので、価格へはほとんど影響していなかった。

データ基盤の仕様も分析の目的と同じように、データの収集・生成の前提となる重要な視点である。データの収集・生成は、データ基盤を利用せずには効率的に実現できない。オペレーション部門は、事象を観測・記録するときにどのような仕様でデータが入力され格納されているか、その仕組みや構造を詳細に理解する必要はないが、少なくとも操作手順や条件、機能を理解し、それらが何を目的として備えられているかを念頭に置いて、データの収集・生成を行うことが望ましい。データを収集・生成する手順が当初決められたものから逸脱するとデータの正確さが低下し、また目的が忘れ去られるとデータを収集・

生成するという作業が遂行されるだけの形骸化されたものになってしまう恐れがあるからである。

　また、オペレーション部門はデータの収集・生成を実現しているデータ基盤にかかるコストを認識すべきである。なぜなら、データ利活用に投入できるリソースが有限であるなかで、その出発点であるデータの収集・生成にかかるコストを知ることは、オペレーション部門がより効率的かつ適切にデータを収集・生成しようとする意識をもつことにつながるからだ。上の例でも、データ入力にかかるオペレーション部門側のコストと、データを入力する際に使用する情報システムのコストはトレードオフの関係にある。つまり、より簡単で便利な入力の仕組みはオペレーション部門のコストを下げるが、その仕組みの開発には情報システム部門のコストがかかる。逆に、簡易的なシステムで済ませる場合は、入力がオペレーション部門の努力やトレーニングに依存するようになる。どちら側でどの程度コストをかけるかは、最終的には経営部門の判断になるが、オペレーション部門は、自身がデータの収集や生成の最前線に立っていることを理解し、データの品質を想像しながらデータの収集・生成を行うべきである。そして、データ基盤はデータの収集・生成に直結するため、改善してほしい点があれば放置せずに、その要望を各部門へ伝えることが望ましい。

■4.2.3　データの生成機序を提供すべき理由

　データの生成機序とは、そのデータが生成される具体的な手順や処理方法、対応する現象など、データが生成されるに至るメカニズムのことである。これはデータ自体ではなく、そのデータのつくられ方やデータが生成されるに至った背景などを説明するための詳細なメタ情報である（1.5.2 項(3)より）。このメカニズムは、データの収集・生成される場で最もよく認識できる。データの収集・生成は外部とのコミュニケーションとほぼ同時に行われることが多く、オペレーション部門はその最前線にいるため、データの生成機序を知るのに最適なポジションにある。

　そして、データの生成機序は経営部門と情報システム部門にとっても不可欠な情報である。経営部門と情報システム部門は、それぞれのデータ利活用において、この情報無しには効率的な活動ができない。

　まず、経営部門がデータの生成機序を必要とする理由は、データが生成される仕組みやデータの性質、特徴をよく知らずにはデータを適切に分析することが難しいからである。つまり、オペレーション部門がデータの生成機序を経営部門に的確に伝えることができなければ、データが間違った形で使われてしまい、分析や意思決定が誤ったものになるリスクが上昇するということである。例えば、自社のウェブサイトの直近 1 年間のアクセスログを分析しようと試みて、手始めに集計と可視化を行ったとする。図 4-1 に示したイメージのように、特定の日付でアクセスが急増したことが集計結果または可視化したグラフからわかっても、なぜそのときに急増したかは、データだけではわからない。このときに必要になるのが、データが生成された背景、すなわち現実においてどのような事象が起き、その事象がどのように観測・記録されたかを説明する情報である。

　情報システム部門にとってデータの生成機序に関する視点が欠かせない理由は、データを加工・蓄積する仕組みを構築するために、データの性質や特徴を的確に捉える必要があるからである。どのような事象が外部とのコミュニケーションによって発生し、それがどのようにデータに書き起こされるか、どの時間単位でデータを区切るべきか、どのような分類でデータを集約すべきかなど、加工や蓄積の工程を定義する際に必要な情報がデータの生成機序そのものなのである。また、情報システム部門はデータの生成機序をメタ情報として、データベースといったデータを保管するシステムに登録をする場合もある。

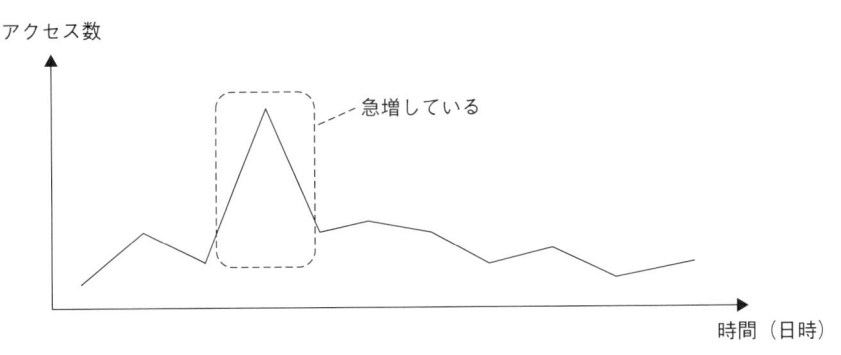

図 4-1　アクセス数の急増を説明できる情報が必要

データの生成機序が情報システム部門に適切に伝わらなければ、加工や蓄積の工程に過不足が発生する。さらに、メタ情報が詳細に登録されていれば検索機能で手軽に見つけられるものに関しても、メタ情報に誤りがあれば検索結果に現れず、結局は必要なときに必要なデータが入手できない原因にもなる。

4.3 データエンジニアとオペレーション部門の協働

4.2 節ではオペレーション部門がデータ利活用において果たすべき役割について述べたが、3.2 節で同様の指摘をしたように、オペレーション部門でもこの役割を果たすことにはコストがかかる。これは、本来オペレーション部門がもつビジネス上のミッションである外部とのコミュニケーションに対して、データ利活用上の役割であるデータ生成機序の共有が直接的には寄与しないからである。間接的に、まわりまわって自分たちのミッションの役に立つとはわかっていても、自分たちだけでは効果を発揮できない間接業務に対してモチベーションを高め続けるのは難しい。

そこでオペレーション部門と他部門との間の認識のギャップを埋め、データの生成機序を共有する責任と業務を一部肩代わりするのがデータエンジニアである。3.3 節ではデータエンジニアが経営部門のデータ利活用における責任を肩代わりし、他の二部門とのコミュニケーションを肩代わりしたが、これと同じことをオペレーション部門に対しても行うことで、オペレーション部門のデータ利活用に関する作業を軽減し、オペレーション部門にしかできないことに集中してもらうことで、社内のデータ利活用を促進する。

4.3.1 分析の目的を獲得し、データの収集・生成に活かす

分析の目的は経営部門がデータ利活用において提供する視点であり、データ利活用の方向性を決定づける大きな要因となる。3.3 節で見たように、データエンジニアは、企業目的の設定や達成という経営部門のミッションを踏まえて、そこから見出される分析の目的がデータ利活用にどのように影響を与えるかをすでに知っているので、オペレーション部門は経営部門と直接対話するのではなく、データ利活用においてはデータエンジニアと対話すればよい。もち

ろん、データ利活用における大きな意思決定事項は経営部門との直接対話によって得ることを妨げるわけではなく、個別の具体的なデータ利活用上の課題解決や情報の共有などは全てデータエンジニアを介して行うことが効率的である。

データエンジニアは経営部門から得た分析の目的を理解した上で、それをどのように具体的にオペレーション部門へ依頼するべきかを考える。このとき、分析の目的は伝えつつも、決して丸投げするのではなく、オペレーション部門が具体的に何をすべきか、データエンジニアとオペレーション部門の分担を定めてオペレーション部門が行動しやすいようにできるとよい。オペレーション部門は間接的には分析の目的が自分たちの業務の改善に影響することを理解してはいるが、どうしても主たるミッションである外部とのコミュニケーションを優先することになる。つまり、データを利活用する以上に、実際に実行することに注意が向く部門である。よって、データエンジニアはオペレーション部門が多少受け身であってもうまく分析の目的が伝わり、オペレーション部門の理解と協力を得られるように行動することが求められる。

このように、データエンジニアは分析の目的を経営部門とだけ話し合うトピックだと捉えるのではなく、オペレーション部門へ（また、情報システム部門へ）積極的に伝え、協力を取り付けるべきであるし、それがデータ利活用の成否に直結する。分析の目的がオペレーション部門（および情報システム部門）のデータ利活用上の機能を果たす上で欠かせないことを社内のどの部門よりも理解し、実際にそうすることに責任をもつポジションであることを認識すべきである。

4.3.2 データ基盤の仕様を獲得し、データの収集・生成に活かす

データ基盤の仕様は、情報システム部門がデータ利活用において提供する視点であり、オペレーション部門がデータ利活用上で担う機能を技術的な側面で支えている。定められた従業員が容易にアクセスでき、ビジネス上のミッションやデータ利活用上の機能を実現するための機能がデータ基盤には備えられている。

しかし、データ基盤の仕様や内部構造は非技術者にとっては理解しづらい領

域である。情報システム部門の中で展開される会話には非技術者が耳慣れないような専門用語やフレーズが飛び交い、データ基盤を含むさまざまなシステムが、増改築を繰り返した構造物のように、新旧の要件や技術が複雑に絡み合ったまま運用されていることも少なくない。このようなことから、情報システムは他部門にとって親しみがもてない領域になってしまっている。よって、情報システム部門から提供されるデータ基盤の仕様についても、そのままの形で理解することは、オペレーション部門にとって難しいことである。明瞭な図が添えられていたとしても技術的な要件やキーワードが多く含まれる可能性は高く、非技術者が個々の記述を容易に理解できるものではない。

そこで、データエンジニアはデータ基盤の仕様に記載された内容を自身が正確に理解するまで確認をする。情報システム部門とのコミュニケーションを通じて理解した内容をもとに非技術者でも解釈することが容易な表現に直しながら、その背景知識がどのようにデータ収集・生成に活かせるかを説明する。必要に応じて、模型やモックアップ、解説動画を作成したり、オペレーション部門にとって理解しやすいように外部とのコミュニケーションの話題と関連させたりするとよい。データエンジニアが情報システム部門の視点をオペレーション部門に説明することに大きなリソースを割くのは、データ利活用において共通認識が醸成されること自体がデータエンジニアの果たすべき役割だからであり、データ基盤の仕様がオペレーション部門の担うデータの収集・生成にとって欠かせない視点だからである。オペレーション部門はデータエンジニアを通じて得たデータ基盤の仕様という視点に基づいて、より効率的かつ確実に、データの収集・生成の機能を果たすことができるようになる。

4.3.3 データの生成機序を提供できる形にする

外部とのコミュニケーション、データの収集・生成の現場に日常的に立ち会うのは主にオペレーション部門である。よって、経営部門や情報システム部門は、データが収集・生成される現場で実際にどのようなことが起きているかを詳細に把握していない可能性が高い。このことはオペレーション部門がデータの生成機序を他の部門に視点として提供することの重要性を強調する。

一方で、オペレーション部門は分析や意思決定、データの加工・蓄積にどの

ようなデータの生成機序を必要とするのかをあらかじめ把握することは難しい。例えば、売上データの中に、割引のキャンペーンを行ったことによって売上の件数は増えたが、売上単価自体が下がった時期があったとする。この売上データに基づいて分析を行う際は、割引キャンペーンについてデータの提供とともにオペレーション部門から経営部門に伝えることで、経営部門が分析を進める中で売上の件数増加と単価減少に気づいても、キャンペーンの時期と重なっていることから、妥当なものだと判断できる。また、必要に応じてあらかじめキャンペーン期間のデータだけを除外しておくこともできるかもしれない。しかし、往々にして、オペレーション部門へは「売上データを送ってほしい」という意味だけで経営部門からの要求が伝わってしまうことが多いため、上記のような背景まで伝える必要があると思い至るとは限らない。

　また、外部から収集したデータについても、他部門への提供がゴールとなってしまい、オペレーション部門からの説明が不十分になることもある。データの出所は記載されていても、それを購入したものなのか無償で提供されたものなのか、定期的に取得できるものなのか、使用に際しての注意点は何かなどが説明されないこともある。さらにいえば、そのデータが記録された状況や方法に関して、報告や文書化に時間と労力を費やせない場合も多い。

　たとえ、データの生成機序を文書の形にしていたとしても、その文書がすぐに他部門の視点とならない可能性もある。オペレーション部門にしか伝わらないような用語や書き方で記述されていたり、経営部門や情報システム部門が特に知りたい内容は含まれていなかったり、文書の保管場所が共有されず、他の部門がすぐにはアクセスできない形になっていたりする。観測対象として定められている事象はデータとして記録されるが、そのデータが生じた背景や状況は記録されていない、もしくは他部門に共有されていないことも多々ある。

　例えば、売上データに記録された商品名が細かく分かれておらず、とある商品がバラ売りとまとめ売りの異なる単位で売られているのに、どちらも全く同じ商品名で登録されているレコードが含まれるケースを想像してみてほしい。仮にオペレーション部門内のみで共有している文書があり、過去の特定の期間のみ、まとめ売りで販売されていたため、その期間は例外対応としてまとめ売りの形で集計されることが、将来にわたっても部門内の共通認識となるのなら

ば、オペレーション部門内では何ら問題は生じない。しかし、その文書にアクセスできない他部門やオペレーション部門に新たに加わった人、もしくはその例外対応を忘れてしまった人は販売単位の違いに気づかず、全てバラ売りの販売数量として計算してしまえば実際の販売金額と誤差が生じ、分析が誤った方向に進む原因となる。売上を集計する前に、商品単価を求めれば異なる単位で売られていたことが明確になるが、そもそもそのような背景知識をもっていなければ気づくことは難しい。この例では、オペレーション部門は故意に他の部門にまとめ売りの情報を提供しなかったわけではない。そもそも、他部門にとってデータの生成機序が必要な視点であるという認識をもっていないことが原因なのである。過去に起きた事象を未来においてデータとして掘り起こし分析する場合は、なおさらこのような認識のずれが生じやすい。

このような認識のずれを未然に防ぐために、データエンジニアはオペレーション部門を支援し、データの生成機序が正しく視点として共有されるようにコミュニケーションを主導すべきである。そしてその視点をデータエンジニアリング組織として継承することで、過去のデータを適切に処理し、現在のデータと合わせることができるようにメンテナンスし続けるのが理想である。

以下、データを収集・生成する仕組みがすでに存在しているケースを想定して、データエンジニアが具体的にデータの生成機序をどのように整理し、他部門に共有していくかを取り上げる。

まず、データの生成機序の整理は、業務知識をもつオペレーション部門とのコミュニケーションとデータの集計・可視化を同時に行いながら進める。データエンジニアは収集・生成されたデータを受け取った後、どのようなデータが生成されているか、そのデータはどのような性質をもつかをオペレーション部門から聞き取り、視点として獲得する。同時に、データの集計や可視化を行い、データの全体像や細部を観察しながら、データの性質を詳細に把握する。そして、観察結果が、オペレーション部門から聞き取った内容と合致するかを確認する。

この一連の活動において重要なのは、データエンジニアがオフィスに閉じこもって、電話やビデオ通話、メールで聞き取りを行っているわけではないということである。人が他人の話を聞いて、細部まで想像し理解することには限界

がある。伝える側の情報が正確でない場合や言葉足らずになってしまう場合、複雑な状況に対して聞き手の想像力や理解力が及ばない場合もある。そのような場合には、データエンジニアが現場に出向くのが効果的である。現場に行ってみて、実際に自分の目で見てわかることは想像以上に多くある。雰囲気を感じ、その場で説明してもらい、疑問が生じたならその場で質問と回答を繰り返して具体的なイメージと実情の理解を得るのである。ただし、状況や人びとの活動が複雑に絡み合う現場を僅かな時間で知り尽くした気になることは避けたい。預かったデータと実情を照らし合わせたときにはじめてわかることも後々出てくるので、そうなったときに再度現場を訪れたり、メールや電話で確認したりすることも有効だ。

　データの生成機序を把握しているオペレーション部門とのコミュニケーションを繰り返すことでデータエンジニアが自身の理解を深め、状況に対する解像度を上げていく[3]ことが基本である。データエンジニアがもつデータの生成機序に関する知識が中途半端であれば、知識を提供する先である経営部門や情報システム部門の知識も中途半端になり、データ利活用の失敗につながってしまう。

　次に、オペレーション部門から聞き取った内容とデータの観察結果が一致することを確認したならば、データエンジニアはデータの生成機序の文書化に進む。文書はさまざまな形式で作成される。文章の形に起こすのか、データベースの備考として表示されるようにするのか、プレゼンテーション資料のように図と説明文を組み合わせて記すのか、動画や録音で説明するかは状況に応じて三部門とコミュニケーションを交わしながら最も適切な形をデータエンジニアが判断すればよい。三部門の視点に基づいて、文書に記載すべき内容を検討することもデータエンジニアの役割に含まれる。経営部門や情報システム部門にとって有益な情報が何かは、それぞれ分析の目的やデータ基盤の仕様から判断

---

3) 時折、現場とデータとの間に違和感のようなものや、ふと何かに気付いたような感覚をもった場合は特に注意したい。データをよく観察し、コミュニケーションに時間を掛けて解像度が高い状態にあると、将来大きな問題につながる兆しや、問題解決の糸口に気がつくことがあるのだが、それらは決まってこうした違和感から始まる。経験知をもった者だけに備わる感覚なので、この気づきを大切にしよう。

することができる。必要な情報を、必要なときに提供する土台をこのステップ
で築くのである。

　最後に、三部門およびデータエンジニアが、常時アクセスできる場所に文書
化したデータの生成機序を保管することで、この視点の共有はスムーズに行わ
れる。データ利活用が目指すべき姿は、データや情報を利用する者が既定の
フォーマットで記録されたデータの生成機序を、既定の場所にアクセスすれ
ば、常時確認できる形で整理・保管されている状態である。しかしながら、
データの生成機序が詳細に記録され、かつ変化に対してメンテナンスされてい
ることは稀であり、そのことがデータ利活用の効率を阻んでいる。データエン
ジニアリング組織はその現状を打破するために導入される組織であることがこ
こでも強調できる。

　なお、データの収集・生成を自動化したシステムを構築する場合も、同様に
データエンジニアがデータの生成機序を整理することに貢献する。新たにデー
タの収集・生成の仕組みを構築することは、データ基盤を構築する情報システム
部門が主体となる。次の第5章にて詳しく説明するが、いずれにしてもオペ
レーション部門の視点であるデータの生成機序が必要となる。

第5章 情報システム部門との コミュニケーション

本章では、データエンジニアが情報システム部門に対してどのようなコミュニケーションを行うべきかを記す。

まず5.1節にて情報システム部門のビジネス上のミッションと、データ利活用における役割を示し、実態を概観する。5.2節ではデータ利活用において情報システム部門が経営部門、オペレーション部門とどのようなコミュニケーションをする必要があるかを述べる。最後に5.3節でデータエンジニアがデータ利活用を活性化させるために情報システム部門のコミュニケーションをどのようにサポートするかを示す。

5.1 情報システム部門の役割

企業が運営する事業の規模が拡大するにつれて、それに伴って生み出される情報の規模も増大していく。コンピュータやインターネットが普及する以前は、情報のやりとりや保管は紙などの物理的なメディアが中心だったが、いまやそのほとんどが電子化され、情報は電子データの形で扱われることが主流となった。さらに、業務をデジタル化することで効率の改善を図る企業やデジタル技術によって初めて成立するサービスが出現するなど、デジタル化される領域はますます拡大している。

そのような時代背景、ビジネス環境のなかで、企業の情報システム部門はどのようなミッションをもつのかをデータエンジニアの立場から概説する。また、ビジネスにおけるデータ利活用を実現するなかで、情報システム部門の貢献が欠かせないことは容易に想像できるが、実際にどのような機能を果たすことを期待されるかを説明する。

本節では、情報システム部門のビジネス上のミッションである正確な情報処

理、そしてデータ利活用における機能であるデータの加工と蓄積が何を意味するのかを明らかにする。その上で、経営部門とオペレーション部門、そしてデータエンジニアが現場においてどのように情報システム部門を支えるべきかを解説する。

5.1.1 正確な情報処理とは

(1) 情報システムの役割

Davis と Olson は、「経営情報システム[1]は、一般的には企業におけるオペレーションや管理、分析、意思決定などの機能をサポートする情報を提供するための、人間と機械の両方の要素が統合されたシステムであると理解されている（筆者訳）」と言及した（Davis & Olson, 1985）。情報システムには、コンピュータのハードウェアやソフトウェア、マニュアル手順、意思決定などのタスクのための分析モデル、データベースなど、さまざまな要素が組み込まれているが、機械的な仕組みだけでなく、情報システムを利用する人、支える人も含まれている。Davis と Olson の「人間と機械の両方の要素が統合されたシステム」という表現が示すように、人間の存在なしに情報システムは成立しない。また、「統合されたシステム」という表現は、システムがモノリシック、つまり一体構造で構成されているのではなく、システムの構成要素が互いに干渉し合って連携しながら機能するように、綿密に設計されていることを意味する。これは、機械の部品が連携しながら動作することにたとえることができる。例えば、自動車を例にとると、連結されたタイヤと車軸が車を支え、ガソリンタンクから供給された燃料を燃やしエンジンが動力を生み出すことで車が動くように、あらゆる部品が連携しながら作用する仕組みが情報システムにもあてはまる。

---

[1] Davis & Olson（1985）では、「経営情報システム」は「情報システム」と同義であるとしている。また、和書では経営情報システムについて、宮川 他（2014）で詳細に言及されている。

（2）情報システム部門のミッション

　多くの企業において、さまざまな領域における情報システムの構築・運営は情報システム部門が担う。情報システム部門と一括りに表現しているが、車のパーツでたとえたように、実際は専門性に応じたサブカテゴリに分けられる。職種に関しても、情報技術者やIT エンジニアなどの総称を使うこともあるが、現場ではより細かく区別がなされる。例えば、生産拠点や事業所内のシステムのインストールやメンテナンスに携わる職種や、そのような現場で利用するソフトウェアやシステムを開発する職種などが存在する。名称もソフトウェアエンジニア、システムエンジニア、クラウドエンジニア、セキュリティエンジニア、ネットワークエンジニア、データベースエンジニアなど、情報システムに関わるさまざまな領域で多様な特徴をもったエンジニアが働いている。物流業や製造業などの物理的な仕組みが多用されるビジネスでは、ラインオペレーターやロボット技術者といった、機械を動かすためのシステムに関わる技術者も多い。

　情報システム部門のどのカテゴリにも共通して言えることは、業務において最も重要視されるのが情報処理の正確さとそれを実現する情報システムを確実に運用することである。情報システムによって処理された情報は常に正確でなければならず、その正確な情報処理が確実に実行されることが、情報システム部門に課せられた責任である。この責任を果たすために、情報システム部門はシステムを構築するだけでなく、日々監視し、メンテナンスし、アップデートし、情報システムを使う人たちが安心して使える環境を用意している。そして情報処理が正確に実行されるような仕組み、すなわち情報システムをつくり上げるためには、情報システムの設定や構造が設計された仕様に忠実なものでなければならず、さらにはその仕様自体が緻密かつ起こりうる全ての事象を網羅できていることが求められる。

　例えば、製造業において、生産や物流、品質管理を効率良く行うために情報システムを活用する場面を想像してみよう。オペレーション部門や経営部門は、生産データや在庫状況、品質管理といった指標が適正な範囲にあるかを監視する必要がある。その監視のために情報システムが活用されるが、情報システムが示す指標が正確であるかを逐一疑うことはしない。また、あらかじめ決

められた指標が、事前に決められたタイミングで参照可能な状態であると期待することは妥当である。そこでもし、情報処理に何らかの欠陥があって指標が現実と乖離したり、監視が必要なタイミングで指標がタイムリーに提供されなかったりすると、生産やサプライチェーンの管理の効率性が妨げられ、場合によっては事故や契約不履行など重大な事態に陥りかねない。

このように情報システム部門は正確性、確実性というところにビジネス上のミッションをもち、その責任を果たそうとする。そのため、情報システム部門に所属する従業員の評価軸も必然的に正確性、確実性が最も重要視される。正確な情報処理を行う情報システムを確実に動かし続けるために、日々細心の注意を払って何重にもチェックしながら運用とメンテナンスを行い続けているのが、情報システム部門の業務である。

(3) 情報システム部門が抱えるさまざまな「正確性」

情報システム部門のビジネス上のミッションは正確な情報処理であると述べたが、この「正確」をもう少し分解し、理解を深めよう。なぜなら、データエンジニアと情報システム部門が情報処理に対してもつモチベーションは同質ではないからだ。不確実性を含みながら意思決定に求められるスピードに応えることを期待されるデータエンジニアは、正確性を追求する情報システム部門の立場を理解する必要がある。正しく確かであることの定義は、状況や対象によって異なるが、Davis & Olson (1985) および宮川 他 (2014) の記述から、おおよそ次のようにまとめられる。

まず一つ目は、文字通りの「正確性」であり、データ自体が正確であることを示す。観察やアンケート、測定やセンサリングなどの方法を用いて、検証可能な事実に基づくものであることによってデータの正確性は担保される。情報が事実に基づいて収集・生成されているかどうかは、その情報が信頼するに足るか、その情報をもとに知識を得て行動に反映するに足るかを測る目安[2]とな

---

2) 情報の収集や処理の方法を記録した仕様書やマニュアルなどは、情報の正確性・信頼性を測ることに寄与する。それらの記録は、情報利用者が情報の出所や変更履歴などを把握・検証するのに役立つからである。なお、それらの記録は簡潔明瞭で過不足がないことが望まれる。一般的に通用する表現を基本とし、略語や口語的な単語、非公式な表

る。

　二つ目は完全性である。データ利用者はときに網羅的な情報を必要とする場合があるが、完全性はそのデータが必要十分であることを示し、データの仕様に従って過不足なく取得されていること、重複や欠損がないことを指す。もちろん、その収集範囲に曖昧なところがあったり、欠損や重複があるかどうかわからなかったりといった未定義、未検証な部分があってはならない。

　三つ目は適時性である。情報処理やデータが適切なタイミングで提供され、意思決定と行動に間に合うかを示す。通常、情報システムに期待される適切なタイミングとは、あらかじめ定められ、システムやデータの利用者に周知された期日や頻度である。

　そのほかには、システムの出力が利用者の要求に適合しているか、利用者にとって理解が容易か、システムがユーザーにとって使い勝手の良いインターフェースを提供しているか、システム障害への対策が講じられているか、不正なアクセスや操作から保護されているか、といったことも正確性に含まれる、もしくは正確性に影響する。

5.1.2 データの加工・蓄積

　ビジネスにおいて情報システム部門は正確な情報処理を行うことがミッションであると述べた。一方で、データ利活用の観点から見ると情報システム部門には企業が抱える全てのデータが集まっており、それをさまざまな形に加工し、蓄積している。これを本書では「データ基盤」と呼んでいるが、データ基盤を管理運用しているのが情報システム部門なので、データ利活用における機能としてデータの加工と蓄積は情報システム部門が担うことが自然であろう。なぜなら、情報システム部門以外ではそのデータや情報の所在がわからないし、どのように保管されているか、さらには、保管されているかどうかさえ他部門にはわからないからである。実態としても、経営部門が何らかのデータや情報を必要とする場合、それが社内のデータまたは情報であれば、情報システ

　　現、不要な専門用語も避けるべきである。一方で、意味を的確に伝えるため、定義やニュアンスが揺れない専門用語の使用は有効である。

ム部門に問い合わせをするケースが多い。

　それでは、データ利活用の観点から見たデータの加工・蓄積とは具体的に何を実施するのか、以下にそれぞれ詳しく見ていく。

(1) データの加工

　データの加工とは、オペレーション部門が収集・生成したデータに意味を与え、情報へと変化させる過程である。1.3.1 項で示した DIKAR モデルでは I（Information, 情報）がこれにあたる。データは受け取る人にとって意味を成すものとなったときに初めて情報となるので、データの加工とは、データの形を変えて新たに意味をつくり出すことだといえる。よって、特にデータの加工にはどのように意味をもたせるかという意図や目的が必要である。

　実際のデータ加工には、データの操作（置き換え、並べ替え）や変換、取捨選択、集計などが行われるのだが、最終的には意味のある情報をつくり出すためにどのように操作、変換、選択、集計したらよいかを考え、仕様を設計し、そのとおりに動作するようにシステムを実装するという一連の作業が求められる。

　ところで、オペレーション部門が収集・生成するデータにはフォーマットや構造が統一されていないものも多い。例えばアクセスログや操作ログなど、何かトラブルが起こったときのために全ての事象を記録しているようなデータや、担当者がその都度手入力しているようなデータなどは、データの大きな枠組みはあるものの、細かくは規定されていないことが多い。また、データが発生する一つひとつの窓口ではフォーマットが定まっていたとしても、そのような窓口が複数あれば、当然フォーマットや構造の異なるデータができあがる。

　データ利活用においては、まずデータを統一された形式に変換し、データを「見る」ことができるようにすることが求められる。このときの統一フォーマットがある種の「意味」となっており、各データを統一フォーマットの志向する意味に向けて加工することで、データを情報へと昇格させる。このように統一された形式に変換することを、標準化と呼ぶ。基礎的な標準化には、バイナリから可読なデータに変換したり、文字コードを統一したりといったことがある。応用的な標準化としては、特定の仕様に基づいてデータベースのテーブ

ルへ格納したり、もっと多くの外部データと突合できるように値やフォーマットを変換したりすることが挙げられる。これらの標準化の目的は、データを観察したり比較したりできるように整えることである。

データが標準化されて情報となり、観察、比較が可能になると、そこから知識を引き出すことができるようになる。観察の主な目的はそこから洞察を得ることであり、洞察とはそのデータの背後に隠れているシステムを想像し、モデルを構築することである。比較は現象の比較、またはシステムやモデルの比較、さらにはシステムやモデルの検証などでも用いられる。つまり、データ加工はデータ分析のために情報システム部門が担う最初の工程である。

具体例として、複数の店舗をもつ小売企業のケースを考えてみよう。この小売企業の各店舗は、元はそれぞれ個別に営業していたが、ある時期にグループとして再編された。そして、各店舗はそれぞれ独自に販売管理の方法をもっており、データを蓄積していた。つまり、それぞれ独自のフォーマットで販売管理データをもっていた。グループ再編後、仕入れを共通化して営業の効率化を図ろうとしたが、独自フォーマット同士ではデータの突合ができないという問題に直面した。例えば、どの商品を、どの店舗で、何個販売したのかを俯瞰できないのである。個別にはわかるのだが、X 店が販売した A という商品は、Y 店のデータでは何という名前で登録されているのかを特定することができない[3]。また、ようやく突合できたとしても、今度は販売価格の欄に、X 店では値引き後の価格が、Y 店では値引き前の価格が入っているなどの違いがあり、それをいったん計算してからでないと同じ意味の値として扱えない、などといった問題が、データ標準化の現場では起こっている。

このような場合、それぞれのデータをまず理解するところから始めなければならない。データは、例えば Excel シート、CSV ファイルに収められたものもあれば、独自のシステムが定義する形で特定のファイルに収められたものもある。異なるのはファイルの形式だけでなく、表記揺れの問題、単位の問題、

---

3) 実際には、人の目で見てわかりやすい名称で書かれているので、人が一つひとつ見つけていけばわかるのだが、小売店の販売管理データとなるとそれを何万点もの商品で実施しなければならないので、気が遠くなるような作業が必要になる。

データ定義の問題、欠損値の問題など、さまざまな可能性に注意しながら標準化をしていく必要がある。情報システム部門はこれらのデータに対する操作をし、またそのための仕組みを構築することで、データから情報や知識を引き出すための土台づくりをしている。

(2) データの蓄積

　データの蓄積は、データを構造化して保存する過程である。この過程の目的は、データの保存効率を向上させることだけではない。安全に必要なデータにアクセスし、効率的にデータを抽出することを可能にすることにも狙いがある。

　情報システム部門は、データを蓄積する仕組みに関して、初期の設計から実装、継続的な管理と運営、そして保存方法の見直しや最適化に至るまで、多くの役割を担う。企業や組織のさまざまな要件と、データの使い方の両方に基づいて、最も適した保管方法（ストレージやデータベースなど、データの蓄積を実現する情報システム）を選定する。また、保管の際の名前付けや保存期間などを取り決め、保管先の設計を行う。データの蓄積に関わる検討は、ビッグデータの3V（大容量・高速・多様）や他のシステムもしくはアプリケーションとの接続など、時間的にも物理的にも広範囲な事項を同時に考慮しなければならない。

　構造的なデータ保存とその維持の実現は、緻密な設計にかかっている。情報システム部門は、ストレージやデータベースの仕組み、機能、システム同士の相性、制約などを十分に把握した上でデータのフォーマットや構造を設計する。情報システムの制約によってビジネス側の要件を満たすのが困難なときには、データのフォーマットや構造の設計を工夫することによって要件を満たすこともある。

　保管したものは取り出せなければ使えないので、取り出し方にも工夫が必要である。何でも入る箱にとりあえず入れておけば保管はできるが、後から取り出すことが困難になれば保管している意味もなくなってしまう。かといって、取り出すときのことを考えてオペレーション部門に正確な入力や分類等の過剰な作業を課すと、今度はオペレーション部門が疲弊してしまう。最新の情報技

術ではそれらを部分的に解決する仕組みも出てきているので、それらの技術動向を追いつつ将来を予測して、よく使うもの、使われそうなものは手厚く、そうでないものは最低限の手間で保管する、ケースバイケースの対応が必要になる。

5.1.3 情報システム部門をどのように支えるべきか

情報システム部門は正確な情報処理をビジネス上のミッションとし、その上でデータ利活用上の機能であるデータの加工と蓄積を担ってきた。オペレーション部門が生成したデータは、経営部門が分析や意思決定に適用する前に情報システム部門によって、データ基盤の上で正確かつ確実な加工が施され、構造化されて蓄積される。データ基盤が実行する情報処理は正確かつ確実であることが求められており、その前提で社内の各部門で利用されている。

経営部門は情報システム部門に対してさまざまな情報をリクエストする立場にある。オペレーション部門によって集められたデータをどのように加工・蓄積し、提供してもらうかを決め、情報システム部門はそのリクエストに応えて正確なデータが経営部門へ確実に届けられることに責任をもつ。正確であることの詳細は5.1.1項 (3) で述べるが、それらの正確性について、どのデータをどの程度の正確性で提供してもらうかは経営部門が決めなければならない。つまり、情報システム部門は仕様の上での品質を保つことに責任をもつが、その仕様を決めるのは利用者、つまり経営部門である。もちろん、情報システムの利用者は経営部門だけではなく、オペレーション部門でも利用するシーンはあるが、それらの品質仕様についても経営部門が意思決定した品質でオペレーション部門に提供されることは同じである。

オペレーション部門は利用者としての立場とデータ供給側の立場があるが、前者は上で述べたとおり、経営部門がその意思決定を担うので、ここでは後者に注目する。データを供給する立場として情報システム部門に協力しなければならないのは、データの供給仕様を伝えることである。どのようなデータが、どのような経路で、どのようなフォーマットで、どのようなタイミングで、どのような条件で供給されるかを伝えなければ、情報システム部門はそれらを取得することも、加工・蓄積することもできない。また、そのデータの素性も重

要である。特にセキュリティに関わることは注意が必要で、例えば個人情報を含むようなデータが供給される際は、加工方法や保管場所に特別な処理や制限を設けなければならない。

このように、情報システム部門は単独で成り立つのではなく、経営部門やオペレーション部門と緊密にコミュニケーションを繰り返しながら、正確性の責任を果たしていく必要がある。しかし、そのコミュニケーションは3.1.3項や4.1.3項で見たのと同様に、各部門におけるビジネス上のミッションとは少しずれている。例えば、経営部門はデータの要求仕様をつくらなければならないが、これを情報システム部門が定義できるレベルまで詳細につくることがビジネス上のミッションではなく、オペレーション部門においては、外部とのコミュニケーションが忙しい中で、内部向けにデータの供給仕様や素性を細かく伝えるのには限界がある。そこで、データエンジニアがその役を担うことが望ましいということは、3.1.3項、4.1.3項と同じである。

5.2 情報システム部門が獲得すべき視点、提供すべき視点

5.1節では、情報システム部門が果たすべきビジネス上のミッションが正確な情報処理であることを述べた。正確な情報処理は、各部門のミッション遂行のための行動や決定を下すために不可欠である。また、情報システム部門はデータ利活用において、データの加工と蓄積に機能をもつ。しかし、この機能は他の部門の支援、具体的には他の部門の視点の提供があって初めて役割を十分に果たすことができる。

オペレーション部門はデータの収集・生成を行い、経営部門はデータ分析と意思決定を行う。しかし、オペレーション部門が情報システム部門にデータのみを提供したり、経営部門が情報システム部門からデータのみを受け取ったりするだけでは不十分である。各部門もデータ利活用における視点を共有し、情報システム部門がデータを適切に効率的に扱えるようにする必要がある。

本節の目的は、情報システム部門がデータ利活用において、各部門からの視点がなぜ必要なのかを説明することにある。また、情報システム部門がなぜ自

身の視点であるデータ基盤の仕様を他の部門に提供する必要があるのかも説明する。

5.2.1 分析の目的を獲得すべき理由

CASE ある衣料品小売チェーンの経営部門から情報システム部門へ、各商品を何%引きで販売しているかを示したデータが無いかという問い合わせがあったが、割引は店舗で個別に行われているため、そのようなデータは無いし、作成するならばかなりの時間がかかると答えた。しかし実際は、経営部門は商品一点ずつについての割引率を知りたいのではなく、季節や曜日によって割引がどの程度行われているかという総量を知りたいだけだった。そのデータであれば、営業時間が終わった後に日別に割引額総量を計算しているので、すぐに提供することができたはずである。

CASE 経営部門より、自社 EC サイトの訪問者の行動を分析したいので、訪問者の 1 年分の行動データがほしいとの依頼があった。自社 EC サイトは月間 100 万人程度が訪れるのでかなり大きなデータになるのだが、これを月次で CSV ファイルにして渡したところ、開くことができないとの苦情が返ってきた。分析担当者は CSV ファイルを Excel で開こうとしており、その行数制限を超えたために開けなかったようだ。そこで日別に小さく分割して渡したところ、今度は訪問者が多すぎて探しきれないからどうしたらよいかとの問い合わせがあった。実は分析担当者は自社 EC サイトを繰り返し訪問してくれている人を何人かピックアップし、その行動を観察したかっただけだったので、その意図を把握していれば特定の訪問者のログデータだけを出すことができたはずである。

データ利活用において経営部門が担当するデータ分析は、情報システム部門によって構築された加工・蓄積のプロセスやシステムから抽出されたデータを使用する。どのような情報を用いてどのような分析を行うかがあらかじめ決まっていれば、その仕様に基づいて情報システム部門はデータを提供できる

が、それがまだ固まっていない状況ではデータをリクエストする仕様が定まらない。そもそも経営部門は、分析の目的を達成できるようなデータが存在しているかどうかもわからないし、それがどのような状態で保管されているかも詳細は知らない。そこでデータ分析の目的に沿うようなデータがあるかどうか、また、あるとすればどのような状態で保管されているかについて、いくつかのあたりをつけながら情報システム部門に問い合わせることになる。

このとき、情報システム部門はリクエストの文言をそのまま受け取るのではなく、経営部門がどのような目的の下に、どのような分析をしようとしていて、そのためにはどのようなデータが必要か、もしそのデータがなければ、目的を達成するためには他にどのようなデータを用意できるか、これらのことを、自分たちが管理しているデータの目録を見ながら考えて返答できれば、経営部門の目的は達せられやすい。

もし情報システム部門が分析の目的を十分に理解せずにリクエストに応じれば、さまざまな問題が生じる。例えば、不適切なデータ加工を施してしまったり、実際にはデータがあるのに無いと返事してしまったりといった可能性が高まる。また、そのような状況では何度も手戻りが発生したり、必要なタイミングで分析ができなかったりすることもある。いずれにしても、コストをかけたのに結果として目的が達せられないことになってしまう。逆に、目的をよく理解した上でリクエストに対応できれば、リクエストされたデータそのものは存在しなかったとしても、他のデータで代替可能な場合があるかもしれない。また、分析担当者が使いやすい形で提供することも可能になるかもしれない。

さらに、分析の目的をよく理解しておくことで、長期的な利点もある。経営部門がどのようなデータをよく参照しているか、どのようなデータをあらかじめ作成しておくとよいかといったニーズの傾向をつかむことができる。これにより、DWH（データウェアハウス）内であらかじめ前処理を施しておいたり、BI（ビジネスインテリジェンス）ダッシュボード等へデータを提供する仕組みをつくっておいたりすることができるようになる。このような取り組みは、データ基盤を運用する際のコスト最適化にもつながる。

5.2.2 データの生成機序を獲得すべき理由

CASE ある商品の卸売り事業を営んでいる会社にて、商品の生産と配送計画を最適化するために、各卸売り先の営業担当者から将来見通しのアンケートを集めるシステムを開発し、運用することになった。まだ本格運用ではないので、専用のアプリケーションは作成せず、指定の Excel ファイルの決められたセルに将来見通しのデータを入力し、指定のストレージに配置されたものを 1 ヶ月に一度情報システム部門が取り込む形をとった。システムとの連携ではなく営業担当者が手作業で行うので、十分注意していても、ファイルの置き忘れやファイル名の不備、手入力した内容の不備などに、どうしても対応しきれないところが残る。先日、営業担当者が交代したこともあり注意深く観察していたところ、全ての予測値が不自然に減少していた。内容を見るとおそらくパーセントで入力する欄に割合で数値を入力したのだと思われたので、確認を依頼した。手入力で作成されるデータはどうしてもこのようなミスが発生するので、担当者が交代した場合などは特に注意している。

CASE インターネット広告の管理をしている事業部が使用している広告管理ツールからのデータを情報システム部門で取り込み、コストに関するカラムだけを利用して、その他はそのまま保管していた。あるとき経営部門から、インターネット広告への反応と小売店での販売データとの関係を分析するために関連するデータを出してほしいとのリクエストがあったので、広告管理ツールから受け取っているデータをそのまま渡したのだが、どのカラムが何を表しているのか全くわからず困っているとのこと。広告への反応を意味するような名がついたカラムだけでも数十列ほどあり、またレコードのそれぞれがどの商品と紐付いているのかも見分けにくい。そこでインターネット広告を管理している事業部に問い合わせたのだが、この管理システムを開発した事業者とはすでに保守契約が切れており、何のデータが出ているのかさえわからないらしい。

　データの生成機序を理解することは、正確にデータを加工・蓄積すること、また情報システム部門から経営部門へのデータを効率的に届けることにおいて重要である。データの生成機序が情報システム部門によってよく理解されていれば、データ加工における混乱を避けられる。情報システム部門はデータの生成機序に基づいて、データがどのように収集・生成されるかを理解し、データ基盤を含む企業内の情報システム内でデータがどのように加工・蓄積されるべきかを検討することができる。すなわち、データの性質や特徴が考慮された加工・蓄積のプロセスが構築されるためには、データの生成機序は欠かせない情報である。そして、データの性質や特徴を考慮してデータを加工・蓄積することはデータを処理するというタスクの成否に留まらず、分析や意思決定におけるデータ利用にも影響する。

　逆に、情報システム部門がこの情報をもたないとどうなるか。まず、データがデータベースやデータウェアハウスに誤った形式、未知の状態、または不正確な内容で取り込まれるリスクが生じる。コンピュータによって自動的に生成されているデータか、それとも手作業で入力されているデータか、どのような判断基準で生成されるか、何らかの障害が発生したときはどのような挙動になるかなどを想像できていないと、入力された内容を正しく認識することができない。また、入力されるデータが変化した場合に、その変化が現実的に起こりうる変化なのか、それとも何らかの障害が発生しているのかが見分けられない。入力されたデータをプログラムが正確に受け取れずにエラーが発生するような場合はすぐに気付くのだが、入力されたデータ形式は合っているのに内容がおかしかったり、ある時期を境に少しだけずれて入力されていたりすると、不具合に気付くのは非常に困難である。さらには、外部オペレーションの現場で何らかのデータから加工されて作成された二次的なデータが、あたかも直接観測された一次的なデータであるかのように入力されてしまうこともある。入力データの依存関係のことを知らないと、重複管理によって不必要なコストを支払うことになったり、経営部門がこれを利用する際に意思決定に支障をきたしたりする。

　このように、オペレーション部門からデータの生成機序について正しく情報を受け取ることは、確実な情報処理を実行する上で必要であるだけでなく、

データ利活用の際にも重要であり、データを確実に加工・蓄積すること、データ基盤を効率的に設計・運用するための基本的な視点となる。

5.2.3 データ基盤の仕様を提供すべき理由

　情報システム部門のビジネス上のミッションは、企業内の特定のニーズに合わせた正確な情報処理を行い、それを実現する情報システムを構築・運用することである。データ利活用において情報システム部門は、データが収集・生成される方法や経営部門における分析の目的に基づいて、データがどのように加工・蓄積されるべきかを把握した上でそれを実現する基盤の設計を行う。データにまつわる要件やその要件に基づいて考案された設計などのデータ基盤の仕様も、他のデータ利活用における視点と同じように、三部門が共通認識としてもつべき視点である。なぜなら、データ基盤で整えられている情報は企業活動自体を映す鏡であり、経営部門はこの情報を見て意思決定を行い、オペレーション部門はこの情報を見て外部とのコミュニケーションを行うからである。したがって、本来はデータ基盤がどのような仕組みで、どのように運営されているかを知らないと、意思決定や外部とのコミュニケーションは行えないはずである。

　しかし、これが意識されるのは主に問題が発生したときに限られる。なぜなら、平常時は、情報システム部門が提供するデータ基盤に対して何も疑う必要がないからである。意思決定も外部とのコミュニケーションも、見ている情報に疑問を抱かない限りは、今までどおりそれを使い続ければよい。しかし、何か問題が発生し、それが特に情報の真偽に対する疑問が生じた場合、データ基盤の仕様が注目される。例えば、製品を販売している部署での売上と、その商品を出荷している部署での売上が異なっていた場合、どちらが正しいのか、あるいはどちらがどのような集計方法で集計しており、違いが出る理由は何かを突き止める必要が出てくる。すると、その情報が何をソースデータとし、どのように加工・蓄積され、集計されて表示に至ったかを全てチェックしなければならないのだが、そのためにはデータ基盤の仕様を細かく把握しなければならない。意思決定の際に疑問が発生すれば経営部門が、外部とのコミュニケーションの際に疑問が発生すればオペレーション部門が、それぞれデータ基盤の

仕様を見ながら、場合によっては情報システム部門と協力して問題解決にあたることになる。

　また、日々のデータ利活用の際にも、データ基盤の仕様を理解していれば、経営部門、オペレーション部門のそれぞれにおいて業務が効率的になる。例えば、経営部門はどのような情報がどこにあるかがわかっていれば、意思決定の際に活用できる情報の範囲が広がる。一方、オペレーション部門ではデータを情報システム部門にて提供する際にどのようなことに気をつけなければならないか、どのデータや処理は省いてもよいかを想像することができる。各部門が勝手に進めることはできないとしても、情報システム部門との対話においてはデータ基盤の仕様を理解しておくことで、情報システム部門とのコミュニケーションが効率化されるのは容易に想像できる。

　データ基盤の仕様で押さえておきたい情報には、例えば次のようなものが挙げられる。まず、データはどのように格納されるのか、つまり、格納される単位（レコード単位、ファイル単位など）と、それがデータベースあるいはストレージに入れられるのかなどを知っておくとよい。次に、データベースに格納される場合は、どのようなテーブルに、各カラムはどのような制約の上で格納されるか、つまりテーブル定義を知っておくと、入れてよいデータと入れられないデータ、欠損の許容などを検討できる。多くの場合は、データを生成するための仕組み（システムやアプリケーション）が入力仕様に詳細に対応しているため、トラブルが起こらない限りは詳細を知っておかなくても動かせるのだが、何かあったときに仕様を理解していれば心強い。また、別途入手した外部データと比較を行う際にも、どちらかの形式に合わせようとすれば、テーブル定義を知っていると作業を効率的に進めることができる。更新や加工、追加のタイミングもデータ基盤の仕様としては重要で、例えば小売店の販売管理データなどは、朝 5 時から夜 29 時（つまり、翌日の 5 時）までに販売されたデータが、翌日の 7 時から 9 時までの間に追加されるといった仕様を理解していればデータを観察する際の誤りを減らすことができる。セキュリティに関する項目も頻出項目である。そのデータが取り込まれた先は誰に閲覧権限があるのか、誰が編集できるのか、その先は何に加工されて出て行くのかを知っておくことで、問題発生時の特定や解決を効率的に行える。

5.3 データエンジニアと情報システム部門の協働

5.2 節では、情報システム部門が経営部門およびオペレーション部門と協調してデータ利活用を進める必要性を示したが、情報システム部門として取り組まなければならないことがかなり多く、データ利活用のためにかなりのコミュニケーションコストがかかることが明らかになった。しかも、そのコストは本来情報システム部門がもつビジネス上のミッションとは少しずれている、つまり、正確な情報処理という最も重要なミッションの中にあるわけではなく、経営部門やオペレーション部門を助けて、データ利活用を促すという多少曖昧な目的のためのコストである。言い換えれば、情報システム部門のもつミッションである正確な情報処理と、データ利活用とは向いている方向が異なる。

データ利活用は取り扱うものが主にデータであり、一方で情報システム部門もデータを専門に取り扱うことから始まった部門（1.6.3 項参照）であるため、データ利活用も情報システム部門が主体となって取り組むべきだと思われがちである。しかし、情報システム部門は不確実性の高いデータ利活用の方向性と合致しないため、情報システム部門がそのビジネス上のミッションを保ったままデータ利活用を主導することは困難である。データ利活用はその目的が意思決定にあるので、そこで求められるデータ、情報、知識は正確性や確実性のほかに、スピードや曖昧さなどさまざまな要素を考慮し、バランスをとったものが求められる。例えば、多少間違っていたとしても今すぐ必要な集計や、定義が曖昧で判断がつきにくいけれど過去の経験から大丈夫だろうといった曖昧な情報、本当に欲しい情報はコストがかかりすぎるので今すぐ使えるものでおよその傾向だけでも掴みたい情報など、正確性とスピードのトレードオフの中で提出しなければならないことがしばしばある。もちろん、そのような状況でもできる限り正確であることを追求すべきであるが、情報システム部門のミッションである正確性が最優先される評価軸とは異なる評価軸を、データ利活用はもっている。

そこで、データ利活用を主導するデータエンジニアおよびその組織であるデータエンジニアリング組織を情報システム部門とは独立した存在として定義し、この組織がどのように情報システム部門をサポートするかについて詳述する。

5.3.1 分析の目的を獲得し、データの加工と蓄積に活かす

データエンジニアは、データ利活用において情報システム部門に対し、経営部門とのコミュニケーションの橋渡しをする。データエンジニアが情報システム部門と経営部門の間に入ることの目的は、データ利活用に基づく分析と意思決定を促進すること、共通認識を構築すること、そして、データ利活用において不十分な対応になりがちな業務をカバーすることにある。

データエンジニアは経営部門とのコミュニケーションを通じて、BI（ビジネスインテリジェンス）、データ分析、予測モデリングなどを実施する目的や理由を知っているので、情報システム部門とのコミュニケーションではこれらの視点を情報システム部門に正しく理解してもらえるように働きかける必要がある。この際、データエンジニアはただ伝言をするのではなく、経営部門がもつ分析の目的を情報システムの言葉に「翻訳」して伝えることが重要である。

ここで注意すべきことは、その作業がどの程度情報システム部門の仕事になるかを意識することである。上にも述べたとおり、データエンジニアと情報システム部門とでは実施している作業自体は非常に似ているのだが、正確性とスピードやコストのバランスに違いがある。情報処理に注目すると、図5-1に示すように評価軸が異なる。

情報システム部門には経営部門の分析や意向を伝えつつも、まだ仕様が曖昧

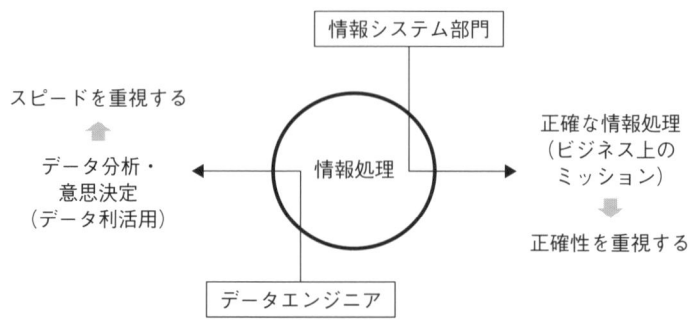

図5-1　データエンジニアと情報システム部門の評価軸の違い

な段階や、継続的で高い正確性が必要とされない段階では、データエンジニアが主に作業を行う。そして、情報システム部門とは、その作業をどのように定型化するか、言い換えれば、どのように正確性を要する継続的なシステムにしていくかを議論すればよい。つまり、曖昧でアドホックなデータ利活用の段階では、データエンジニアが経営部門とのコミュニケーションを担当し、またそれに付随する作業を担当する。その上で、最終的にどのようなシステムの形になるのか、どのような仕様でデータ基盤に組み込んでいくのかを情報システム部門と一緒に検討し、実際にその段階になったときには速やかに開発、構築できるようにしておくと効率的である。

5.3.2 データの生成機序を獲得し、データの加工と蓄積に活かす

　情報システム部門はオペレーション部門からデータだけではなく、データの生成機序も情報として受け取る。しかし、情報システム部門が取り扱う情報処理の言葉とオペレーション部門が取り扱う現場の言葉は大きく違い、さらには互いのビジネス上のミッションが別の方向を向いているため、相互のコミュニケーションは難しい。オペレーション部門は外部とのコミュニケーションに注力し、情報システム部門は正確な情報処理を重視しているので、データ利活用における互いのコミュニケーションには積極的になりにくい。特に情報システム部門において正確な情報処理に必要なのは仕様であり、また仕様どおりにデータが入力されることであって、そのデータがどのような背景をもち、どのように生成され、どのように変化する可能性があるかは間接的な情報なので、後回しになりがちである。

　そこで、データエンジニアはこのコミュニケーションの間に入り、双方が避けているデータ利活用上の責任を引き受ける役割を担う。データ利活用をビジネス上のミッションとするデータエンジニアは、データの生成機序を理解することが主たる業務の一つなので、オペレーション部門とのコミュニケーションからこれを理解し、情報システム部門が必要なとき、受け取りやすい形で提示することができる。例えば、オペレーション部門から入力される予定のデータがまだ正確に定まっておらず、経営部門の分析の状況によって二転三転する可能性がある間は、データエンジニアがデータ利活用に関する業務を主導する。

この過程で生成機序を理解し、将来の変化の可能性などを考慮して入力仕様を定め、全てが整った段階で情報システム部門に作業と責任を移行することで効率的なデータ利活用[4]ができる。

　もちろん、仕様が決まるまでの間も情報システム部門とのコミュニケーションが不要なわけではない。データエンジニアは、いまオペレーション部門でどのようなデータの入手が検討されており、それがいつ頃、どのような形で定型化されそうかという情報を情報システム部門に常に伝えながら、必要なときにシステム化に向けて動き出せるように準備をしておくとよい。

5.3.3　データ基盤の仕様を提供できる形にする

　データ基盤の仕様を経営部門やオペレーション部門に提供するとはどういうことか。各部門がデータやそれに関する情報を利用しようとした場合、もしくは自部門の活動がデータ基盤に対して何らかの影響を与える場合に、経営部門とオペレーション部門の意図や行動がデータ基盤とどのように関係し、どんな影響を受け、どんな影響を与えるのかを伝えるということである。しかし、5.2.3 項で見たように、これらの情報はそのままでは経営部門やオペレーション部門にとって理解が困難である。データ基盤の仕様を説明するための言葉や概念は、経営部門やオペレーション部門にとって馴染みが薄く、専門的な用語や、専門的な考え方を知らないと理解しにくい部分が多く含まれているためだ。データの入出力や加工、蓄積には情報システムに関わる専門的な用語や複雑な概念が頻出する。さらに、データのセキュリティ面でのさまざまな制約も、どのデータを誰がどこまで見てよいのか、使用してよいのかは、情報システム部門の支援がなければ把握するのは困難である。

　そこでデータエンジニアは、データ利活用に必要なデータ基盤の仕様に関する情報を、経営部門やオペレーション部門が必要な部分に限定し、理解しやす

---

4)　システムの仕様が確定し、情報システム部門に渡された段階で、それまで漠然と「データ利活用」といわれていた一連の作業には特定の名称がつけられているはずである。1.4.1 項の冒頭でも触れたように、定型業務になったもののことをデータ利活用とは言わない。逆にいえば、「データ利活用」といわれている段階では、それはデータエンジニアの仕事である。

い形で伝える役割を担う。例えば、経営部門との間で新しい分析課題について議論する際、最初は使用するデータや実施する加工が定まっていないために、情報システム部門を経由しない形でデータエンジニアがアドホックにデータを作成し、分析課題をサポートする。しかし、これがだんだんと継続的なデータ利用や加工を伴う業務に定まってきた場合には、具体的にどのような仕組みを情報システムの中に構築すべきかを検討する段階に移る。このとき、データエンジニアは既存のデータ基盤の仕様を踏まえながら、経営部門の要望をどのように実装するのが最適かを経営部門とすり合わせる。この過程こそが、データ基盤の仕様を経営部門に伝えることに相当する。オペレーション部門に対しても同様で、アドホックにデータ利活用を探っている段階から、継続的で正確な情報処理に移行する段階で、情報システム部門とオペレーション部門の作業分担のすり合わせを行うことがデータエンジニアの責任となる。

データエンジニアが効果的に機能するためには、データ基盤の仕様を自身の視点として獲得しておくことが不可欠である。データエンジニアが担う実務、例えば分析のアドホックな要件に基づいて必要となるデータの加工・集計、BI ツールのレポート作成といった業務は、データ基盤に依存するものが多い。そのため、データ基盤の仕様を理解することでそれらの実務をより迅速に遂行できるようになる。場合によっては、データ基盤の中にデータエンジニアが専用で利用する場所（分析環境やデータマート等）を構築することも効果的だろう。情報システム部門が正確性を担保するデータ基盤とは独立して、それらに影響が及ばないような場を構築し、データエンジニアが試行錯誤を自由に行える環境を手に入れることは、さまざまな利点を生む。例えば、データに関するニーズを予想して前もって準備しておくことができたり、さまざまな依頼に対応するための仕組みを構築したりすることが可能となる。こうして実務を素早く実行することができれば、その分だけ三部門とのコミュニケーションに多くの時間を割くことができる。そして、コミュニケーションを通して三部門の視点を幅広く詳細に得られれば、実務の実行を加速させることができるという良い循環が生まれる。レスポンスの早さは、データエンジニアと情報システム部門とで役割を分ける際の重要なポイントの一つなので、データエンジニアは早さにこだわるべきである。

第6章 おわりに：持続的な成長と発展

　本書を通して、データ利活用におけるコミュニケーションの難しさと、それを仲介するデータエンジニアおよびデータエンジニアリング組織の重要性を示した。

　この最終章では、もう一度データエンジニアの業務内容を総括し、それをさらに深めるために取り組むべき事項を紹介する。これをデータエンジニアとしてどのようにステップアップをしていくべきかの指針としてもらいたい。

6.1 データエンジニアの業務

　データエンジニアの業務は、企業におけるデータ利活用の中心となり、さまざまな関係者の間のコミュニケーションを仲介することである。データ利活用に関する全ての責任を引き受け、各関係者と対話し、データや情報を引き出し、加工して他の関係者へ提供することが業務である。

　データ利活用の前提は、まだデータを十分に活用できていない状況にある。新しい視点、新しい業務、新しい活用方法の開発がデータエンジニアの担当領域であり、経営部門、オペレーション部門、情報システム部門から課題とデータを集め、それらの課題を解決し、最終的に定常的な業務仕様を構築してそれぞれの部門に引き渡せられれば成功である。そして、うまく解決できた課題はもはや「データ利活用」とは呼ばれず、個別の名称（例えば○○システムなど）で呼ばれるようになるはずだ。

　データエンジニアおよびデータエンジニアリングを担当する組織は、経営部門、オペレーション部門、情報システム部門のいずれからも独立した組織であることが望ましい。なぜなら、ビジネス上のミッションがこれらの既存の組織とは一致せず、結果としてどの部門とも評価軸が異なるためである。もしどれ

かの部門の下に置かれる場合でも、できる限り評価軸を独立させることがデータ利活用を成功させる重要な要件となる。特に、情報システム部門とは業務内容やスキルセットが似ているために、データエンジニアが所属する組織は情報システム部門内に置かれることが多いのだが、データエンジニアのミッションは情報システム部門のミッションとは逆の考え方をもつので、情報システム部門長や周囲の深い理解が必須である。

　組織の規模によっては、データ利活用に取り組んでいても、必ずしも経営部門、オペレーション部門、情報システム部門が明確に分けられているわけではない。また、データエンジニアが特定の部門に属している場合や、本書で定義したデータエンジニアリングの役割を明示的に与えられていなくても、実質的にデータエンジニアリングを担っている場合もある。

　このような状況にある読者には、1.6.4 項で説明した三機能モデルのフラクタル性を参考にしていただきたい。具体的な取り組みとして、自身がどのような業務を担っているかをリストアップし、それぞれの業務が意思決定機能、オペレーション機能、情報処理機能、データエンジニアのどの役割に該当するかを分類するとよいだろう。そして、自身の業務とデータ利活用[1]がどのように関係し、どのような貢献ができるかを考えていただきたい。

CASE 自分は営業担当者でありながら、Excel が得意なので営業部門に所属する他の 4 名の営業担当者から営業訪問履歴と受注履歴が記録された Excel ファイルを毎週集め、個人成績の集計を行い、営業部長に提出する役割を担っている。この集計用ファイルは経理部門にいる同僚に作成してもらった。これらの履歴は個人評価のためだけに使われていたが、DX（デジタルトランスフォーメーション）に興味をもった営業部長が、売上アップのためにこのデータを活用できないかと相談をもちかけてきた。これまで営業担当者別にしか集計してこなかったデータであったが、ひとま

1） 本書では、データがすでに定められた目的で使われている場合はデータ利活用とは呼んでいないので、ここでのデータ利活用は、他の目的で生成されているデータを別の取り組みに使用するケースや新たな取り組みのためにデータを収集・生成し始めるケースを想定している。

ず、訪問回数、訪問日時、訪問時の天気、顧客の属性など複数のデータと組み合わせたマトリックスとグラフを作成してみた。試作をするたびに営業部長に見せ、議論を繰り返し行った。すると、顧客業種と営業担当者の組み合わせが受注率に影響しているような傾向があることに気が付いた。確かに訪問営業をしているとその顧客の業種によっては話しやすい場合とそうでない場合があるという感覚をおぼえていた。そこで、営業担当者によって得意な顧客業種があるのではないかと仮説を立て、他の営業担当者にも話しやすいと感じる顧客業種、そうでない顧客業種がないかを聞いてみることにした。同僚たちへのヒアリングを通して確信を得たので、エリアで区切るのではなく、試しにエリアを拡げ、顧客業種をもとに担当者ごとの営業先を決めることを営業部長に提案した。

- -

　このような状況で、自身が意思決定機能、オペレーション機能、情報処理機能、データエンジニアのどの役割を担っているかというと、企業単位ではオペレーション機能として営業を担当しているが、営業部門内では図6-1のような構図でデータエンジニアの役割（図6-1におけるデータの集計担当）を担って

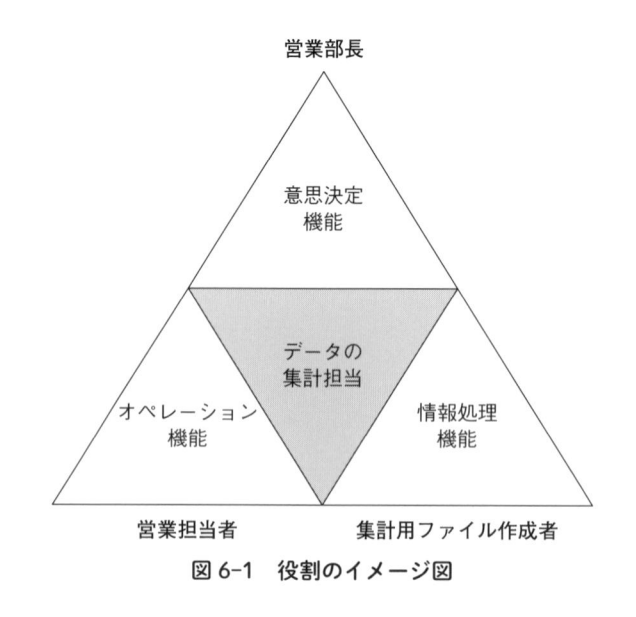

図6-1　役割のイメージ図

いるといえる。データエンジニアとして、データ利活用の観点で果たすべき役割や実現すべきコミュニケーションの要点は本書で述べたとおりであり、データを集め、集計し可視化するにあたっては、関係者の視点を取り入れることが不可欠である。特に、先ほどの例では営業部長の相談を受け、成果が約束されていない取り組みに、そして試行錯誤に時間を費やしていることがうかがえる。データエンジニアの特徴は、必ずしも成果が上がるとは限らない取り組みに対し、そのリスクを背負ってトライアルを行うことである。自身の評価軸がそのようなリスクを背負う業務を評価するものでない場合、部門長と合意を形成し、それを自身の評価軸に組み込んでもらう必要がある。

　今回の例のような役割は、データ利活用の観点からは営業部門内（図6-1）での意思決定の一端を担い、組織の中心的な役割を果たしていると捉えることができる。データを集めて部門長に報告するという基本的な業務をミスなく遂行することも重要だが、データ利活用の観点で自身が付加できる価値を意識して取り組むことで、例のような新たな挑戦において真の貢献ができるだろう。

6.2 データエンジニアのトレーニング

　データエンジニアは、コミュニケーションスキルや観察力、想像力、機動力を伸ばすことが基本である。これらを土台としつつ、対応可能な範囲を広げ、業務効率や付加価値を上げるためにデータエンジニアが取り組むべき要点を示す。

6.2.1 ビジネスと社会との関わりを考える

　データエンジニアにとって最も重要なことは、データからビジネスおよびそれを取り巻く社会を想像することである。毎日データを観察し、その変化を敏感に感じ取るには、ビジネスで何が起こっているか、社会で何が起こっているかを知っていることが有利に働く。データ利活用とはビジネスと社会との関わりにおいて、変化を感じ取り、次の一手を想像する仕事なので、データを観察することと、社会やビジネスの変化を議論することは毎日のルーチンワークにし、そのための時間を確保しておくのがよい。そうすれば何か起こったとき

に、真っ先にデータからその変化を感じ取り、しかるべき関係者に連絡することができる。データエンジニアは組織内にあるデータのことを全て知っていて、データについて何か疑問や質問があれば真っ先にデータエンジニアに相談する、そうすると必ず何かしらの手がかりや解決策が得られる、といった信頼関係を築くことが重要である。

6.2.2　情報処理技術に精通する

　情報処理の技術に精通することは、データエンジニアにとって強力な武器になる。これは、データ利活用を支える情報システムやデータ基盤はあらゆる情報処理技術に依存しているためである。なお、本書ではデータエンジニアの情報技術的要件についてはあまり触れていないが、それは現場によって求められ

表 6-1　データサイエンティスト スキルチェックリスト「データエンジニアリング力」のスキルカテゴリおよびサブカテゴリ一覧

スキルカテゴリ	サブカテゴリ
環境構築	システム企画、システム設計、アーキテクチャ設計
データ収集	クライアント技術、通信技術、データ抽出、データ収集、データ統合
データ構造	基礎知識、要件定義、テーブル定義、テーブル設計
データ蓄積	DWH、分散技術、クラウド、リアルタイム処理、キャッシュ技術、データ蓄積技術、検索技術
データ加工	フィルタリング処理、ソート処理、結合処理、前処理、マッピング処理、サンプリング処理、集計処理、変換・演算処理
データ共有	データ出力、データ展開、データ連携
プログラミング	基礎プログラミング、拡張プログラミング、AI サービス活用、コーディング支援、アルゴリズム、分析プログラム、SQL
IT セキュリティ	基礎知識、プライバシー、攻撃と防御手法、暗号化技術、認証、ブロックチェーン、ゼロトラスト
AI システム運用	AutoML、MLOps、AIOps
生成 AI	プロンプトエンジニアリング、コーディング支援、ファインチューニング、生成 AI の技術活用、生成 AI 開発

「データサイエンティスト　スキルチェックリスト ver5.00〈データエンジニアリング力〉」（データサイエンティスト協会，2023）を参考に作成

る技術要件が大きく異なり、非常に多岐にわたるからであって、決して不要であるということではない。

　参考になるのは、一般社団法人データサイエンティスト協会が発表している「データサイエンティスト スキルチェックリスト」（データサイエンティスト協会, 2023）のうち、「データエンジニアリング力」の項目である（表6-1）。このチェックリストはデータエンジニアがもっておくべきスキルを細かく分類し、スキルレベル別にまとめてあるので、自分が求められている役割と見比べて必要なスキルを身につけていく手がかりとなる。なお、このリストを見ると項目の多さに圧倒されるかもしれないが、これはデータサイエンティストが備えておくべきスキルリストであり、必ずしも全てのデータエンジニアが備えておくべきスキルリストではないことに注意してほしい。もちろん、高度な情報処理と困難なデータサイエンス課題とが同居する現場のデータエンジニアリングにおいてはこれらのスキルが網羅的に必要なのだが、データ利活用に取り組み始めて間もない会社では、表計算ツールが使えるだけで十分な場合もある。

6.2.3 データマネジメントの技術的な基礎知識を獲得する

　データマネジメントの技術的な基礎知識を獲得することも重要である。この領域は DMBOK（DAMA International, 2017, 2018）に詳説されている。DMBOK は、データマネジメントの技術的な側面を包括的にまとめた知識体系であり、効率的なデータ処理と強固なガバナンスの基盤を構築するための構造化されたフレームワークを提供する。例えば、DMBOK の原則に精通したデータエンジニアは、データに関する組織の将来的なニーズ、特にデータ利活用におけるさまざまな要件を満たすような、柔軟性と整合性を兼ね備えたデータアーキテクチャの設計と実装に寄与することができる。

　もう一つの技術的体系を示した教科書として推奨するのは、*Fundamentals of Data Engineering*（Reis & Housley, 2022）である。例えば、データエンジニアリングの技術的な側面に関して十分な知識をもっているデータエンジニアは、組織内のデータや情報の流れを合理化するデータ処理パイプラインを自ら設計・実装することができ、また、情報システム部門との間でより円滑なコミュニケーションができるようになる。

6.2.4 分析スキルと意思決定

本書では、意思決定のためのデータ分析がデータを利活用する目的の大部分を占めていることを述べてきた。データに基づく意思決定のためには分析に関する知識が必要になるので、コミュニケーションと情報処理の技術に熟達しスキルの土台を築いた後は、分析の目的、データの生成機序、データ基盤の知識を活かし、より積極的に分析そのものに携わることを推奨する。

特に統計学はデータ分析の基本的知識であり、これを理解し、使いこなすことで、データエンジニアリングの付加価値は著しく向上する。データから意味のある示唆を得て意思決定に活かすにはぜひ学んでおきたい分野である。統計検定は学習のための有効な指針で、二級から準一級程度の知識があり、統計手法が使えるようになっているとデータ分析の現場で役立つ。

6.3 データエンジニアリング組織の継続と発展

データエンジニアリングを長期的に成功させるためには、データエンジニアの知識や経験を組織として共有し、データ利活用について関係各所との共通認識を構築した上で、それを継続していく必要がある。データエンジニアの仕事は、さまざまな関係者とのコミュニケーションであるため、必然的に個人の経験に依存する部分が大きくなる。しかし、これを属人的なままにしておくと、せっかく築き上げた関係性が人事異動によって失われ、また一からつくり直さなければならなくなってしまう。

このような状況を防ぐため、データエンジニアには自分の経験をデータエンジニアリング組織内で積極的に共有し、他のデータエンジニアの経験からも学ぶ姿勢が求められる。データエンジニアリング組織の一員として、会社全体のデータ利活用を促進する姿勢と動機を保ち続けることが重要である。また、データエンジニアは無期雇用、いわゆる正社員であることが望ましいのだが、それは業務に継続性と属人性が強く表れるためである。

データエンジニアリング組織において、データエンジニアをどのように評価するかには注意すべき点がある。データエンジニアの業務にはさまざまなリスクが内包される。そもそもデータ利活用とは、未知な関係性を模索する業務で

あり、必ずしもうまくいくことばかりではない。もしデータエンジニアがリスクを回避し、確実にわかることだけを話し、確実にできることだけをするようになれば、データ利活用の進展は望めないだろう。不確実性を伴う業務を行う以上、失敗を許容する評価軸が必要不可欠である。むしろ、データ利活用上での失敗は、その失敗したという経験自体を新たな情報、知識として取り入れ、次に活かすことで成功に転じることができる。失敗を単なる失敗として片付けてデータエンジニアの意欲を削ぐのか、それとも次なる成功への足がかりとして活かすのか――これは評価軸次第で大きく変わってくる。

6.4 AI との共存

　2023 年頃から注目を浴び始めた ChatGPT などの AI は、今後ビジネスへの浸透が避けられない重要な存在になっている。データ利活用においてもその影響は大きく、例えばデータサイエンティストの業務の多くが AI に代替されるようになるのではないかとも議論されている。一方で、AI は使いこなせばさまざまな業務を強力にサポートしてくれることもわかってきた。重要なのはAI と人間が対立することではなく、AI は何が得意で何が不得意か、人間にできて AI が苦手とするものの領域を見極め、何を任せればうまくいくかを考え続けることである。

　データエンジニアリングは、他の業種、特に情報産業関連の業種と比べて、現時点では AI の脅威はさほど大きくないと考えられる。なぜなら、データエンジニアの主たる業務はコミュニケーションであり、また、取り扱うものはデータであっても、そのデータの発生源は必ずしもデータで表されていないので、AI が認知しえない部分が大きく残されているからである。2024 年の時点では AI は、まだデータ化された範囲内でしか考えることができない。一方、データエンジニアは、データになる以前のこと、つまり生成機序を調査したり、実際にデータをつくり出したりすることから始める。AI はデータのみから想像力を働かせることしかできないが、データエンジニアはデータ化されていないさまざまな事象や関係性、特にそのデータ特有の背景を事前情報として得た上で想像することができる。言い換えると、AI が効率よく想像力を働か

せるためには、データエンジニアによってつくられた質の高いデータが必要となる。将来 AI がどのように強化されてくるかは予測できないが、「データになっていないことは何か」「何をデータにして AI に与えるか」を常に意識することで、AI に対する優位性を維持しつつ、AI を効率的に活用できるだろう。特に統計解析などのデータ分析業務においては、AI は強力なパートナーになるのは間違いない。

一方で、AI に使われないように注意すべきである。AI が言うことを鵜呑みにするのではなく、意見の一つとして捉え、その提案を必ず自身で検証することが重要である。例えば、オペレーション部門から得られるデータを毎日観察するにあたって、AI に観察を任せ、変化があったらアラートをもらうような仕組みをつくって放置してしまうと、自分の経験値は向上せず、何か見落としがあったときの責任を AI に押しつけるわけにもいかない。また、AI が提示した分析モデルが間違っていたとしても、それをチェックできなければ、それは占いに意思決定を委ねるのと何も変わらない。AI との共存においては、自分しか得られない経験は必ず自分が経験するようにしながら、一般に多くの人ができることは AI に任せつつ、考えるヒントや道筋をサポートしてもらいながら、然るべき体制でチェックするようにするとよい。

6.5 まとめ

ビジネスは常に変化し、その変化に伴ってデータもさまざまな形で変容を続ける。データはまさに生き物である。その生き物であるデータを手懐け、世話をし、自分たちのビジネスに活かすのがデータエンジニアの仕事である。そして、この役割を全うするために、データエンジニアは企業組織における三部門——経営部門、オペレーション部門、情報システム部門——と継続的なコミュニケーションを維持し、自らがそのハブとなって活躍するのが理想的な姿である。予測困難なビジネス環境では、オペレーション部門や情報システム部門といった効率性を重視する強い組織が先導するものの、データエンジニアリング組織のように柔軟な組織が、その後ろで積極的に知識や視点を共有し、強い組織が対応しきれない課題を拾っていくと、会社全体の変化への適応力が向上

し、それが持続的な繁栄へとつながる。

　そのなかで、データエンジニアには確かにさまざまなスキルや経験が求められるが、これら全てを完璧に習得していなければデータエンジニアにはなれないというわけではない。データエンジニアに最も必要なのは、データを常に注意深く観察し、その背景にある意味を想像する力、そしてそれについて組織のさまざまな立場の人と効果的にコミュニケーションをとる力である。データは生き物であり、それを最もよく観察して、些細な変化を察知し、しかるべき人に伝えて対処してもらうことができれば、データエンジニアとしての資格は満たしていると考えてよい。その他のさまざまな技術は、習得すれば強力な武器になり、業務が何倍も効率化されるので、継続的な学習とトレーニングを推奨するが、データエンジニアの本質は、鋭い観察眼とコミュニケーション能力にあることは忘れてはならない。

　Benjamin Franklin は、

"Tell me and I forget. Teach me and I remember. Involve me and I learn."

と言ったが、この言葉は、データエンジニアが担うコミュニケーションの本質を的確に表している。データエンジニアの役割は、単に情報を伝達するだけでなく、組織全体を巻きこんでいくことである。データエンジニアが全ての責務を一手に担うのではなく、コミュニケーションの中心となって組織全体の参画を促し、共に進めていく。そうした取り組みの先に、真のデータ利活用の成果が実現されるのである。

謝　辞

　本書の執筆にあたり、多くの方々からご支援と励ましをいただいた。ここに心より感謝の意を表する。

　まず、株式会社ゴーガ解析コンサルティングの皆様には、実務に基づいた知見と熱意を惜しみなく分けていただき、本書の趣旨を深く理解していただいた。とりわけ、桑原敬幸氏、井ノ川早苗氏、佐藤恵介氏、石田泰浩氏、そして川上悦子氏には、データ利活用やデータエンジニアリングの現場での経験と洞察を共有していただき、その知識が本書の基盤となった。従来の枠にとらわれない内容によって生じる摩擦や反発もあることを承知の上で支援していただいた皆様のお力添えがなければ、完成には至らなかったと確信している。

　また、本書の閲読にご協力いただいたデータサイエンティストの五木宏氏、大城信晃氏、尾花山和哉氏、高柳慎一氏にも、貴重なお時間をいただき、また真摯なご意見と建設的なフィードバックをいただいたことに深く感謝を申し上げたい。皆様の細やかな指摘のおかげで、現場で長年データ利活用の実現に取り組んできたコンサルタントおよびデータサイエンティストが抱える思いを、読者にも共感していただける形でお届けできるものになっていれば嬉しい。

　さらに、共立出版株式会社の菅沼正裕氏、山内千尋氏、河原優美氏には、企画段階から編集作業に至るまで一貫して温かく支えていただき、私たちの主張とその独自性を尊重していただいた。専門的なご指導とお力添えのおかげで、本書を無事に出版することができたことに、心より感謝している。

　長きにわたり理解と応援を惜しまず、私たちの試みを支え続けてくれた家族・友人にも、感謝を捧げたい。

　最後に、本書を手に取ってくださった読者の皆様へ。データエンジニアリングが新たな学術領域として確立されることを願いつつ、皆様の学びや成長に本書が少しでも貢献できることを心より願っている。このご縁を糧に、私たち自身もさらなる研鑽を重ね、信念を胸に歩みを進めていく所存である。

参考文献

Ackoff, R. L., Management Misinformation Systems, *Management Science* Vol. 14, No. 4, pp. B147-B156, INFORMS, 1967.

Ackoff, R. L., From Data to Wisdom, *Journal of Applied Systems Analysis*, 16, pp. 3-9, 1989.

Anthony, R. N., *Planning and Control Systems: a Framework for Analysis*, Division of Research, Graduate School of Business Administration, Harvard University, 1965.

C. I. バーナード 著, 山本安次郎, 田杉競, 飯野春樹 訳, 新訳 経営者の役割, ダイヤモンド社, 1968.

DAMA International, *DAMA-DMBOK: Data Management Body of Knowledge: 2nd Edition*, Technics Publications, 2017.

DAMA International 編著, Metafind コンサルティング株式会社 監訳, データマネジメント知識体系ガイド 第二版, 日経 BP 社, 2018.

Davis, G. B., Olson, M. H., *Management Information Systems: Conceptual Foundations, Structure, and Development 2nd Edition*, McGraw-Hill, 1985.

一般社団法人データサイエンティスト協会, データサイエンティスト スキルチェックリスト ver5.00 (2023 年 10 月 30 日 初版), https://www.datascientist.or.jp/, 2023.

Fayol, H. 著, Storrs, C. 訳, *General and Industrial Management*, Martino Publishing, 2013.

石川博, 土田正士, 遠藤雅樹, 山本幸生, モダン SQL：データ管理から分析へ, 共立出版, 2023.

Laney, D. B., *Infonomics: How to Monetize, Manage, and Measure Information as an Asset for Competitive Advantage*, Bibliomotion, 2018.

McGilvray, D., *Executing Data Quality Projects: Ten Steps to Quality Data and Trusted Information*, Morgan Kaufmann, 2008.

宮川公男, 上田泰 編著, 経営情報システム第 4 版, 中央経済社, 2014.

Mintzberg, H., *The Structuring of Organizations: A Synthesis of the Research*, Prentice-Hall, 1979.

ヘンリー・ミンツバーグ 著, 池村千秋 訳, エッセンシャル版 ミンツバーグ マネジャー論, 日経 BP 社, 2014.

中西輝政, 本質を見抜く「考え方」, サンマーク出版, 2007.

根本彰 編, 図書館情報学基礎, 東京大学出版会, 2013.

オックスフォード大学出版局, オックスフォード現代英英辞典 第 10 版 (Oxford Advanced Learner's Dictionary 10th edition), 旺文社, 2020.

Plotkin, D., *Data Stewardship: An Actionable Guide to Effective Data Management and Data Governance*, Morgan Kaufmann, 2014.

Porter, M. E., *Competitive Advantage: Creating and Sustaining Superior Performance*, Free

Press, 1985.

Reis, J., Housley, M., *Fundamentals of Data Engineering*, O'Reilly Media, 2022.

Shannon, C. E., A Mathematical Theory of Communication, *The Bell System Technical Journal*, 27: pp. 379-423, pp. 623-656, 1948.

Simon, H. A., *The New Science of Management Decision*, Harper & Brothers Publishers, 1960.

Simon, H. A., *Administrative Behavior: a Study of Decision-making Processes in Administrative Organizations 4th Edition*, The Free Press, 1997.

総務省，平成 29 年版情報通信白書，第 1 部，p. 53，2017.

日本図書館情報学会用語辞典編集委員会 編，図書館情報学用語辞典第 5 版，丸善出版，2020.

Venkatraman, N., *Managing IT Resources as a Value Center*, IS Executive Seminar Series, Cranfield School of Management, 1996.

Ward, J., Peppard, J., *Strategic Planning for Information Systems (3rd Edition)*, John Wiley & Sons, 2002.

索　引

【著者紹介】

園田隆盛　Takamori Sonoda

東京外国語大学卒業後、総合コンサルティングファーム、独立系 SIer、外資系製薬会社を経て、株式会社ゴーガ解析コンサルティングに入社。卸売業やサービス業を中心にデータエンジニアリング業務に携わり、データマネジメントやレポーティングツールの設計・開発に貢献している。英語・タガログ語・インドネシア語を話し、顧客や国内外のビジネスパートナーとの橋渡し役を得意とする。

M.A. アティック　Mohammad Aimaduddin Atiq bin Kamisan

マレーシア出身。慶應義塾大学大学院理工学研究科で博士（工学）を取得後、日本の YUAI インターナショナルイスラミックスクールで在日ムスリムコミュニティの初等教育に貢献。その後、株式会社ゴーガ解析コンサルティングにてデータエンジニアリングに従事し、2020 年には Google Cloud Professional Data Engineer 資格を取得。2024 年、Google Premier Partner である Matrix Connexion に転職し、マレーシアにおけるデータエンジニアリングの発展に尽力している。データエンジニアリングの知識と技術を広めることに情熱を注ぐ。

【監修者紹介】

中村仁也　Jinya Nakamura

2000 年、東京大学大学院数理科学研究科博士課程修了。博士（数理科学）。その後、銀行系シンクタンクを経て 2006 年に株式会社ゴーガを設立。2016 年より株式会社ゴーガ解析コンサルティング代表取締役。数値解析、計算機科学、統計解析、エージェントシミュレーションなどの技術を用い、マーケティング戦略、広告戦略、市場シミュレーション、オペレーション最適化等に活かすデータ分析コンサルティングに従事。

デ ー タ エ ン ジ ニ ア
―データ活用力を高める組織のキーパーソン―

Data Engineer:
The Key to Unlock the Power of Data

2025 年 2 月 28 日　初版 1 刷発行
2025 年 4 月 25 日　初版 2 刷発行

検印廃止
NDC 336.17
ISBN 978–4–320–12584–1

著　者　園田隆盛・M.A. アティック
監修者　中村仁也　ⓒ 2025
発行者　南條光章

発行所　**共立出版株式会社**

〒112–0006
東京都文京区小日向 4–6–19
電話　03–3947–2511　（代表）
振替口座　00110–2–57035
www.kyoritsu-pub.co.jp

印　刷　藤原印刷
製　本　加藤製本

一般社団法人
自然科学書協会
会員

Printed in Japan